ADÈLE, ADÈLE, ADÈLE

HENRY LEGRAND

ADÈLE, ADÈLE, ADÈLE

*Textes recueillis, transcrits et présentés
par Jean-Paul et Paul-Ursin Dumont*

CHRISTIAN BOURGOIS EDITEUR
8, rue Garancière - Paris-6ᵉ

ISBN 2-267-00165-9

Pour Ginou et Elli.

*Jean-Paul Dumont, né le 23 mai 1940 à Ven-
dôme, est fixé aux Etats-Unis depuis 1966 ; il
enseigne l'ethnologie à l' « University of Washing-
ton » (Seattle). Il a publié en français chez Christian Bourgois,* le Fœtus astral *(en collaboration
avec Jean Monod, 1970),* Hasard coagulé *(1970)
et* Flocs *(1972) ; et en anglais à l' « University of
Texas Press »,* Under the Rainbow *(1976) et* The
Headman and I *(1978).*

*Paul-Ursin Dumont, né le 6 janvier 1909 à Ber-
nay, et père du précédent, est docteur en méde-
cine. Spécialiste de Pierre Louÿs, il est l'auteur de
nombreux articles et d'une monographie à paraître,* Pierre Louys : Notes biographiques.

*Ces deux auteurs publient conjointement un
autre ouvrage d'après leurs recherches sur les
manuscrits Legrand,* le Cercle amoureux d'Henry
Legrand *(Gallimard).*

Préface

Le 20 juin 1845, un vendredi, partait du château de Valençay une lettre destinée à un Monsieur Henry Legrand, poste restante à Toulouse [1] :

Mon cher mari.

Adèle a bien raison de craindre que je la traite de folle ; elle le mériterait bien ; mais je ne le ferai pas pour la ménager. Elle choisit mal son moment pour se plaindre : notre voyage tant desiré commence et continuera sûrement ; son père la laisse tranquille et me témoigne une confiance qui la sert comme elle veut. Ses amies l'aiment ; si tu n'écrivais pas, ç'était sa faute, elle

1. N.A.F. 14494, p. 93. verso - 94 recto. Les références que nous donnons correspondent à la cote du département des manuscrits de la Bibliothèque nationale. Nous employons systématiquement l'abréviation N.A.F. pour signifier Nouvelles Acquisitions Françaises. La pagination à laquelle nous renvoyons est celle de la Bibliothèque nationale et non celle de Legrand.

Jean-Paul Dumont a bénéficié d'une bourse de recherche du *Social Science Research Council* qui lui a permis de travailler à Paris au cours de l'été 1977. Que cette fondation soit ici remerciée.

9

n'avait qu'à t'écrire plus tôt ; enfin elle n'a en ce moment qu'à remercier Dieu et elle se plaint ! Elle pleure, elle craint ; ses souffrances sont réelles quoique sans fondement. Je la distrairai, et toi aussi, j'y compte. Elle a pourtant nos visions consolantes ; elle te parle chaque nuit. Mais le jour, quand ses frayeurs la prennent, j'ai peine à m'en rendre maîtresse et il faut les grands moyens.

Ecris-nous comme elle te l'a dit. Nous resterons jusqu'au 16 ici sans doute, et tout se dissipera ensuite. Nous passerons quelque temps à Bordeaux, c'est convenu ; puis à Pau, et puis à Bayonne. Ce sont là les villes où tu devrais nous adresser tes lettres pour qu'elles nous trouvent.

Adèle avance beaucoup dans ses copies de lettres de Juana, et je te dirai qu'elle pourrait te dépasser bientôt. Il est vrai que tu n'as pas tout le temps dont elle dispose. Une fois copiées, nous brûlons tout. Ce beau secret ne doit exister que pour nous trois ; les autres confidentes devront nous les faire traduire. J'aime beaucoup ces volumes discrets où tout ce que nous (ne) pouvons pas dire ni écrire se trouve consigné pour nous seules. Un jour quand nous relirons tout cela quelles seront nos pensées ? Dans quelle position serons-

Les auteurs ont aussi le grand plaisir de remercier chaleureusement ici M. André Beau qui a bien voulu régulièrement, depuis plusieurs années, mettre à leur portée son incomparable érudition sur les Talleyrand-Périgord, ainsi que M. Jacques Lay qui a bien voulu leur apporter les plus précieux renseignements sur les hôtes de Louveciennes au milieu du XIXe siècle.

nous ? Sans doute tu seras le mari d'Adèle ; vous aurez vos enfans [1] jouant autour de nous. Je serai là, toujours, l'amie et l'amante discrète et dévouée, heureuse de votre bonheur, le partageant en sœur. Quand nous serons tous morts, dans bien longtemps d'ici sans doute, les enfans trouveront ces volumes, sachant qu'ils ont été écrits par vous, et ne pourront pas les lire. Ils tomberont enfin comme une chose curieuse dans les mains de quelque savant qui y lira tout autre chose que ce qu'il y a ; mêlant Juana avec Adèle et l'Espagne avec la France ; cherchant de l'espagnol où il y aura du français et vice versa, selon la louable coutume de ces messieurs qui veulent toujours trouver quelque chose et font comme les devins qui forgent d'après ce qu'ils savent du passé.

Adieu, mon ami, ce temps-là est bien loin et il semble qu'il n'arrivera pas de sitôt. Je vais me coucher à côté d'Adèle : Dieu nous a rassemblées, nous nous séparerons le moins possible. Nous allons parler de toi, t'appeler et sans doute te voir et te sentir.

Mille baisers, mon amour. Ta seconde femme.

Antonia.

Qui est cette Antonia, l'aimante amie de Henry Legrand ? Qui est cette Adèle que Henry, malgré

---

1. Dans cette lettre, comme dans toutes les transcriptions que nous avons faites, nous avons respecté l'orthographe telle qu'elle est donnée dans le manuscrit. Nous n'indiquons pas par un *sic* la variante, courante à l'époque, consistant à écrire *-ans* et *-ens* le pluriel des mots finissant au singulier en *-ant* et *-ent*.

l'optimisme d'Antonia, n'épousera jamais ? Comment ne pas confondre Adèle et Juana ? Autant de questions sur lesquelles il nous faudra revenir. Pour le moment, contentons-nous de noter le défi qui nous est lancé par Antonia. Cette « chose curieuse » nous intrigue sans doute, mais le défi devient irrésistible lorsque nous le retrouvons à nouveau exprimé, cette fois par Henry Legrand lui-même. Le titre de l'un de ses manuscrits, inscrit dans un cadre gothique finement dessiné est à lire ainsi :

HISTOIRE DE MON BEL ANGE
JUANA
PENDANT L'ANNEE
1836
SOUVENIR D'AMOUR POUR SON MARI CHERI
HENRI

C'est là où se trouve le redoutable avertissement [1] *:*

A présent que mon ange est morte, que je n'ai plus aucune espérance de jamais la revoir, et d'entendre encore ses conseils, si propres à inspirer l'amour de ce qui est bien ; si ce n'est la nuit quand elle vient éclairer de son auréole la solitude et les ténèbres de mon lit ; je vais faire ce que je voulais faire pour elle ; j'ai écrit tout ce que j'avais pensé à cause d'elle ; je vais écrire tout ce qu'elle a pensé à cause de moi ; tout ce qu'elle a déposé dans son coffret afin de pouvoir le lire et le

---

1. N.A.F. 14531, p. 254 recto-256 recto.

relire sans cesse, sans pouvoir craindre de perdre les papiers qu'elle a touchés avant que de mourir. J'écrirai aussi tout ce qu'elle m'a dit dans mon lit, tout ce qu'elle m'a dit dans ses lettres et tout ce que je lui ai dit dans les miennes. Elle voulait une copie de mon journal, je la ferai comme si elle était encore vivante et que je conservasse l'espoir de lui faire ainsi connaître mes fautes et mes bonnes actions. Tout y est, tout est froidement écrit comme le registre d'un commerçant. Quelquefois pourtant le chagrin m'emportait et je me laissais aller à mes pensées, mais bientôt je reprenais mon allure didactique pour ne la quitter que longtemps après. Il y a des choses que Dieu seul et moi savons au monde ; il y en a même que Dieu seul connaît, car moi-même je ne les comprends pas ; je les lui aurais dites à elle et elle les saura. Ces aveux me feront du bien et mon âme en sera plus légère pour l'accompagner dans l'espace des cieux où elle m'enlève pour me faire voir sa mère qui veut être aussi la mienne. Si, parmi ces aveux, il en est qui me forceront à rougir il y en aura d'autres qui me seront méritoires et effaceront les taches que les premiers auront pu faire. Mon ange, toujours si clémente, le sera encore dans ce moment, et mon repentir me vaudra un baiser et que ne donnerais-je pas pour un baiser d'elle ? Comment, dans mon malheur, ne remercierais-je pas Dieu de m'avoir conservé ce courage et l'amour de mon amie ? Elle est au ciel, il lui permet de venir à moi ; cette visite si longue ne lui enlève donc rien de son bonheur céleste ; mon Dieu, je suis donc digne par mon amour de l'amour d'un ange ? J'en serai toujours digne !

13

On dirait qu'il y a déjà longtemps que je pressentais que mon amie serait enlevée à la terre, car depuis son départ, je regardais la mort comme le terme désirable de mes maux, comme la résidence du vrai bonheur ; je ne craignais pas la mort, mais la souffrance ; et si, en disant : « Je veux mourir » j'avais pu mourir, il y aurait longtemps que je serais avec mon amie, je l'aurais devancée. La mort est un palais superbe, délicieux et la vie est une prison ; quand on en sort, le guichet est si hideux qu'on recule d'épouvante en croyant qu'on va entrer dans un lieu de ténèbres et d'anéantissement ; il n'en est rien cependant puisque mon ange, en venant me voir, m'a prouvé le contraire. Ma raison se confond quand je veux y réfléchir ; eh bien, je ne réfléchirai pas, je m'abandonnerai à mon bonheur sans chercher à m'en rendre compte. L'homme jouit de la vie et n'a jamais pu savoir ce qu'elle était ; ce qu'était le souffle qui l'anime, il le perd lorsqu'il le connaît. Il en serait de même si je cherchais à approfondir avec les lumières de ma raison si imparfaite un secret qui est au-dessus d'elles ; pour me punir de ma témérité, Dieu peut-être changerait la réalité en songe ; l'instant du réveil serait terrible ; je ne le hâterai point par une indiscrète curiosité ; je jouirai et vivrai comme l'eau coule, comme le jour vient et s'en va. Que le monde ignore cela ; je passerais à ses yeux pour un fou ; je ne le suis pas, il me semble ; ou, si je le suis, je suis un fou bienheureux ; laissez-moi dans ma folie, c'est elle qui me fait vivre sans désespoir. Un médecin rend un bien mauvais service à un fou dont le malheur a causé la folie, quand il le rend au monde et au bon sens, ou plu-

14

tôt au sens commun, qui, pour lui, est le mauvais
sens ; alors, toutes ses illusions se dissipent, il
tombe du ciel dans l'affreuse réalité ; il trouvait
assistance, soins et pitié, on le rejette sur le pavé
avec sa douleur et sa faim. Qui veut d'un fou ?
Personne ; on le repousse davantage quand il ne
l'est plus que quand il l'était. Si on ne connaît pas
ma folie, on n'aura pas la charité maladroite de
me guérir ; je veux donc que tout le monde ignore
mon secret et je l'écris ainsi. Cherchez, cela n'en
vaut pas la peine pour vous ; si, pour moi. En
supposant même une personne assez patiente pour
démêler les combinaisons que moi seul connais,
puisque mon ange n'est plus, on ne pourrait rien
éclaircir sur ce mystère qui en sera toujours un.
Le premier voile levé en laisse un autre derrière
lui encore plus pesant, et d'autant plus difficile
à soulever qu'il demanderait des frais et des démar-
ches, et tout le monde ne se sent pas disposé à
en faire pour expliquer les inutiles rêveries d'un
homme mort ou fou. Ma famille ne dirait rien ;
d'abord parce qu'elle remplirait mes dernières
volontés ; ensuite parce qu'elle ne se souviendrait
plus de tout. Cherchez dans Passy, vous n'avez
pas le numéro ; cherchez dans le faubourg Saint-
Honoré, rien n'est plus clair ; et je l'ai fait exprès ;
je le sais, moi, et je ne veux pas le dire ; je veux
qu'un nuage obscur soit toujours répandu sur mon
bonheur. Je dis son nom, son pays ; mais cherchez
en Espagne où il y a tant de Nuñez que le plus
fin ne saurait jamais retrouver la famille qui a eu
le bonheur de posséder cet ange dans son sein.
D'ici-là, d'ailleurs, il y aura tant de changemens !
Surtout par les christinos et les carlistes qui pleu-

vent en ce pays [1] ! Que de contradictions ne paraî-
traient-elles pas dans les différens récits qu'on
pourrait en faire. Chacun brode à sa manière. Et
mon récit, le seul véritable, le seul sur lequel on
puisse baser son jugement, offre tant d'obscurités,
qu'un mot seul peut lever, qu'il serait à peu près
impossible d'en rien tirer pour en connaître davantage ; je ne dirai pas ce mot. J'ai agi avec encore
plus de précautions à l'égard de Madame de Saulnois ; avec mes données, je défie de la trouver, et
je serais bien fâché que pareille chose pût arriver
et qu'elle éprouvât des désagrémens à cause de
nous. Mon ange me sait gré de mes précautions,
et son approbation est la seule que j'envie et la
seule au monde qu'on ne puisse me disputer
jamais.

*C'est ainsi que Legrand écrit passionnément,
méticuleusement, voire obsessionnellement l'histoire de sa vie et celle du milieu dans lequel il
évolue sous la Monarchie de Juillet et le second
Empire, tout au long de quarante-cinq volumes
manuscrits dont le texte est en effet dissimulé sous
un premier voile puisqu'il est chiffré. Et le vœu
de Legrand, son désir de cacher, sa volonté de res-*

---

1. Le roi d'Espagne, Ferdinand VII, fut relégué en
1808 par Napoléon au château de Valençay. Il fut res-
tauré en 1813. A sa mort, en 1833, sa veuve Marie-
Christine de Bourbon fut nommée régente et leur fille
Isabelle II devint reine, d'où le nom de christinos ou
cristinos pour désigner leurs partisans. Mais, en applica-
tion de la loi salique, la couronne aurait dû revenir au
frère de Ferdinand VII, Don Carlos, d'où le nom de
carlistes donné à ses partisans.

ter hermétiquement secret, seront exaucés pendant au moins une quarantaine d'années.

Sans doute les manuscrits passent-ils de main en main sans que leurs possesseurs provisoires sachent ce qu'ils contiennent. A la mort de leur auteur en 1876, les manuscrits reviennent à ses héritiers qui les vendent à Belin. Ce libraire écrira à Pierre Louÿs le 5 avril 1907[1] : « C'est par erreur que je vous ai dit avoir acheté vos curieux volumes de M. Dècle. C'est aux héritiers mêmes de M. Legrand... » ; et c'est peut-être eux qui ont amputé les manuscrits de la plupart des photographies qu'ils contenaient ainsi que des timbres-poste qu'y avait méticuleusement rangés Legrand.

La librairie Belin aurait mis la totalité de l'ouvrage en vente en 1879. En 1895, ce serait un autre libraire, Dorbon, qui l'aurait possédé, mais réduit à trente volumes. Il les vendit à un collectionneur d'Orléans, Herluison ; à sa mort, le fils Dorbon qui a maintenant succédé à son père rachète les trente volumes et en retrouve douze autres. C'est là que Pierre Louÿs tombe en arrêt sur cette collection : trente-sept reliures demi-veau bleu de 140 × 95 mm, régulièrement tomées, avec fers cryptographiques et initiales H.L. au bas du dos ainsi que cinq reliures pleine peau à la cathédrale de 153 × 95 mm, non tomées mais portant chacune le titre « Los Angeles » et un sous-

---

1. Dans une lettre conservée à la Bibliothèque nationale, N.A.F. 14493, p. 14 recto. Les manuscrits Legrand n'auraient donc, comme on s'apprête à le lire, jamais été entre les mains de Dècle. *Cf.* P.-U. Dumont 1977, « Les manuscrits Legrand », *Cahiers Pierre Louÿs* I : 16-20.

titre différent sur chaque dos (Una Hija, Una Madre, Una Muger, Una Niña, Una Noche). Il n'en faut pas plus pour exciter la curiosité du poète ; il se met au travail, vingt heures sur vingt-quatre de cogitation intense, la cigarette aux lèvres [1].

Louÿs commence à se décourager de ne pouvoir déchiffrer cette absconse écriture quand, un soir, consultant un des volumes, il s'en échappe un feuillet. La scène nous est contée de façon différente par son ami Claude Farrère et par son secrétaire Robert Cardinne-Petit. Pour ce dernier :

« Un soir qu'il parlait des Mémoires Legrand à son ami Curnonsky, il lui avoua : " Je désespère d'en venir à bout. " Ensemble ils feuilletèrent ceux que Louÿs n'avait pas encore ouverts et une mince feuille de papier tomba. C'était le plan, parfaitement dessiné, d'une ville. A la place où le graveur signe habituellement, six signes mystérieux de quelques millimètres attirèrent leur attention.

« C'est le plan de Naples ! s'écria Louÿs, qui vérifia aussitôt l'exactitude de sa découverte. Les six signes signifient certainement N.A.P.O.L.I.

« Il possédait six lettres de l'énigmatique alphabet, mais il était loin encore de la lecture tant désirée [1]. »

---

1. *Cf.* P.-U. Dumont, *Pierre Louys : Notes biographiques,* à paraître.
1. R. Cardinne-Petit 1948, *Pierre Louys inconnu,* Paris, les Editions de l'Elan, p. 111.

Il serait étonnant que la scène se soit passée en présence de Curnonsky qui n'en fait aucune mention dans le chapitre de ses Souvenirs *consacré à Pierre Louÿs* [1].

Pour être différente, la version de Farrère n'en est pas moins imprécise :

« Tenez, voyez ceci...

« Ceci était un plan du palais des rois de Naples. Un mot de cinq lettres était inscrit au bas du plan, à la place où d'ordinaire le graveur grave son nom.

« — Nul doute, me fit remarquer Louÿs, ce mot n'est pas une signature, ni d'auteur ni de graveur, puisque ce plan n'est pas gravé. Serait-ce le mot *Naples* qui figure sous ce plan, lequel n'a probablement aucun rapport avec le texte ?

« Je lui fis remarquer que Naples a six lettres, et que la légende n'en comportait que cinq.

« — Qui nous dit que certains de ces signes ne désignent pas des diphtongues soit de voyelles soit de consonnes ? ... Ainsi le mot en question pourrait s'orthographier : *n, a, pl, e, s :* cinq caractères [1]. »

Pierre Louÿs confirme :
« Il s'agit en réalité d'un plan fragmentaire représentant un *quartier* de la ville ; et le mot

---

1. Curnonsky 1958, *Souvenirs littéraires et gastronomiques,* Paris, Editions Albin Michel, pp. 87-102.
1. C. Farrère 1954, *Mon ami Pierre Louys,* Paris, Editions Domat, pp. 110-111.

" Naples " se trouvait écrit en un monogramme imperceptible (3 millimètres de long), non pas à la place du titre, mais dans le coin du cadre où le géographe inscrit ordinairement sa signature. »

Il ne nous indique ni la présence de Farrère ni celle de Curnonsky [1].

Quoi qu'il en soit, la persévérance de Louÿs permet de lever le « premier voile » mis par Legrand sur son texte. L'ingéniosité de Louÿs à laquelle il est difficile de ne pas rendre hommage, a consisté à identifier l'écriture de Legrand en la prenant pour ce qu'elle était : non pas une langue naturelle que les « orientalistes de l'Ecole spéciale et de l'Académie des Inscriptions » pouvaient déclarer aussi hâtivement que naïvement indéchiffrable, mais bel et bien une écriture, chiffrée somme toute assez simplement, puisqu'il s'agit d'une substitution monoalphabétique. Malgré son sens aigu de l'observation, Louÿs semble s'être compliqué la tâche. Voici en effet ce qu'il en écrit [2] :

« Deux chiffres distincts, l'un inspiré de l'alphabet arabe, l'autre de l'écriture sanskrite. Le premier se compose de 352 caractères différents, l'autre n'en a qu'une centaine.

« En outre, trente caractères imités de l'alphabet grec, pour les chiffres, représentent des nombres (1, 2, 3, etc.).

---

1. P. Louÿs 1929, *Œuvres complètes, t. X. Littérature* suivie de *Livres anciens* et de *Inscriptions et belles-lettres,* Paris, Editions Montaigne, p. 121.
2. P. Louÿs, *id.,* pp. 115-116.

« L'auteur avait pris des précautions innombrables pour que son chiffre ne pût jamais être découvert ; et, de fait, il est resté lettre morte pendant vingt-huit ans, quoique depuis 1879 on l'ait présenté à diverses reprises aux orientalistes de l'Ecole spéciale et de l'Académie des Inscriptions. Chaque page susceptible d'attirer l'attention du déchiffreur est protégée par des pièges de toute sorte. C'est ainsi que la plupart des volumes ont deux titres, l'un en clair et l'autre en chiffre : mais le titre en clair ne donne aucune idée de ce que contient le tome et il ne traduit nullement le titre chiffré. Le texte est alternativement français et espagnol et quelquefois anglais, avec des rubriques en allemand et en italien. Sous une apparence de régularité et même de calligraphie, les mots se dirigent vers le haut, vers le bas, vers la droite, vers la gauche, peu importe. Parfois, par une singularité dont je ne connais pas d'autre exemple, les *mots* se suivent de gauche à droite et les *lettres* de chaque mot vont en sens inverse.

« Mais bien qu'admirablement conçues pour empêcher la découverte du chiffre, toutes ces complexités s'évanouissent dès que le chiffre est trouvé. On arrive sans peine à lire cette cryptographie à livre ouvert, et à la dicter plus vite que le copiste ne peut l'écrire. Pour l'initié ce ne sont pas des manuscrits difficiles. »

Une fois le ou les chiffre(s) connu(s), il y a en effet peu de difficultés à lire les manuscrits Legrand, même s'il fallait mémoriser les quelque 452 caractères auxquels il est fait allusion plus haut. Chiffre inspiré du sanskrit, prétend Louÿs, mais l'inspiration apparaît comme très lointaine à quiconque connaît cette langue. En réalité, Louÿs n'a pas inventé l'expression, car c'est Legrand lui-même qui prétend écrire « en sanskrit ». Ce chiffre, nous savons avec certitude que Louÿs l'a élucidé, non seulement parce qu'il tapa ou fit taper à la machine une transcription partielle des manuscrits Legrand [1], mais aussi parce qu'il en donne la clé dans un autographe [2]. En réalité, il ne s'agit pas là d'une centaine de caractères diffé- rents, mais bien plus simplement de vingt-six caractères distincts, correspondant aux vingt-six caractères de l'alphabet français. Ce qui arrive fré- quemment, c'est que Legrand, en écrivant, acquiert de la cursivité ; il fait des liaisons entre les lettres un peu à la manière dont on écrit « patte » à la main, en barrant les deux « t » d'un seul trait plu- tôt que de mettre une barre sur chaque « t », ou encore à la manière dont on écrit à la main le « e » dans l' « o » comme dans « œillet ».

En parcourant la collection complète des manus- crits Legrand, Louÿs découvre aussi certaines pages — mais malheureusement il n'en indique pas le nombre — écrites en un chiffre inspiré de l'écriture arabe. Il n'a laissé ni clé du chiffre « arabe » ni transcription à partir de ce chiffre ; la seule mention qu'il en fait est celle que nous avons citée plus haut. L'a-t-il effectivement

---

1. Conservée à la Bibliothèque nationale, N.A.F., 16431, 137 fol.
2. Egalement conservé à la Bibliothèque nationale N.A.F. 14493, p. 1 recto-2 verso.

décrypté ? Nous l'ignorons. Il est fort possible, comme nous le verrons, que Louÿs ait pu travailler sur un corpus « arabe » plus étendu que le nôtre [1], car, au cours du dépouillement complet des manuscrits Legrand, nous avons seulement rencontré trente-huit lignes d'espagnol écrites dans ce chiffre [2]. Là encore, il s'agit d'une substitution mono-alphabétique, légèrement plus complexe toutefois que celle du chiffre « sanskrit ». Ici, Legrand utilise l'alphabet arabe, mais il se heurte au problème des incompatibilités entre alphabet arabe et alphabet espagnol. C'est pourquoi nous trouvons dix-neuf signes consonantiques (les lettres « k », « w » et « x » de l'alphabet espagnol n'apparaissent pas dans le corpus) qui, suivant les règles de l'écriture arabe, ont des formes différentes en positions finales, médiane, initiale ou isolée. Quant aux voyelles, elles sont indiquées par des signes diacritiques. Sans vouloir présenter une description trop technique du chiffre, nous mentionnerons seule-

---

1. En effet, dans la transcription fragmentaire qui se trouve à la Bibliothèque nationale (N.A.F. 16431), il écrit de sa main que le tome IV est en crypto-arabe, qu'il est très difficile à déchiffrer, et il indique un titre en espagnol que nous n'avons jamais rencontré. Par surcroît, la page de garde du tome IV (N.A.F. 14497) est écrite en clair :

Los Angeles
Una Nuera
1835-1844

Le sous-titre à la page suivante est en caractères « sanskrits » : « Henry à sa mère. Juana-Adèle. »

2. La référence de ces lignes est la suivante : N.A.F. 14494, p. 7 verso-11 recto.

ment qu'il comporte en plus un certain nombre d'homophones, digrammes, trigrammes et idéogrammes, soit en tout près de quatre-vingt-dix caractères différents. Nous sommes donc loin, on le voit, des 352 caractères auxquels nous nous attendions.

Louÿs fait, à partir de là, une lecture avide, mais partielle des manuscrits, puisqu'il écrit :

« Noter surtout qu'*on n'a pas déchiffré la centième partie* des manuscrits et que rien ne peut faire prévoir ce qu'on lira par la suite, puisqu'il est impossible de parcourir une page de cryptographie. A raison de dix pages par jour, le déchiffrement total durerait plus de sept ans [1]. »

*Fort de cette lecture partielle, Louÿs fait des projets de publication dans l'*Illustration *qui s'empresse d'accepter, comme le raconte R. Cardinne-Petit* [2] :

« Le bruit se répandit aussitôt que les *Mémoires* de l'architecte Legrand étaient scandaleux... On insinua même que le document pourrait être apocryphe !... La chose prit un tel tour qu'elle effraya un certain Eugène Ledrain [3], alors critique littéraire de l'*Illustration,* lequel s'avisa que

---

1. P. Louÿs, *idem*, p. 124 ; souligné par Louÿs.
2. R. Cardinne-Petit, *idem*, pp. 113-114.
3. Eugène Ledrain (1844-1900) fut conservateur adjoint des antiquités orientales au Musée du Louvre et professeur d'épigraphie orientale. Ecrivain politique, il entra comme critique au journal *l'Eclair* et fut chargé de la critique de quinzaine pour les livres à la *Nouvelle Revue.*

les *Mémoires* de l'architecte Legrand devaient être une nouvelle mystification de Pierre Louÿs, « coutumier du fait ». Il se rappelait en tremblant la célèbre « mystification » des *Chansons de Bilitis,* panneau monumental dans lequel il était tombé, victime de sa pédanterie littéraire, et qui assura le ridicule de toute une génération de critiques « qui avaient, sur la foi de l'habile préface, affirmé avoir déjà lu *ça* dans le texte grec ! ». Ledrain prit le sot mais prudent parti de nier purement et simplement l'authenticité du manuscrit, même son existence...

« L'aristarque l'emporta et la publication de ces *Mémoires* fut ajournée *sine die.* »

Farrère rapporte l'incident en termes presque identiques et ajoute avec humour [1] *:*

« Ce Ledrain avait déjà « marché » dans le ridicule de l'affaire Bilitis. Il « marcha » à pas plus lourds dans l'affaire Legrand. C'est l'éternel plat d'épinards. L'infortuné y avait mis les pieds et les remuait, piétinant. »

Il n'y avait d'ailleurs pas que des orientalistes ridiculisés pour suspecter un nouveau canular de Louys. Il suffit pour s'en assurer de lire la lettre suivantes [2] *:*

---

1. C. Farrère, *idem.* p. 114.
2. Lettre du 1ᵉʳ mars 1907 de Léon Dumuys, conservateur du Musée historique de l'Orléanais à Georges Montorgueil du journal *l'Eclair,* conservée à la Bibliothèque nationale, N.A.F. 14493, p. 10 verso-11 verso, souligné dans le manuscrit de Dumuys.

« Un membre de notre société qui avait lu votre article et avait eu le temps de le méditer dit en souriant :

"M. Pierre Louÿs est un raffiné, un romancier, un homme en quête d'idées géniales et neuves ; il faut du nouveau quand même, dans son métier (pardon !... dans son art !) pour captiver un public rassasié et blasé parfois.

" L'habile écrivain n'aurait-il pas *imaginé* la trouvaille d'*une clef* pour interpréter cette étrange littérature ?

" N'aurait-il pas inventé ce *truc littéraire* pour intéresser son public qui ne lira jamais, et pour cause, ce manuscrit fantastique et *unique* et ne pourra donc jamais contrôler les dires de l'auteur ?

" Sous le couvert de ces livres illisibles, aussi incompris de lui que de quiconque, M. Louÿs ne va-t-il pas publier quelques romans semi-galants, semi-politiques ?

" Il aura beau jeu pour exploiter une mine... qui n'en sera peut-être pas une et écouler des anecdotes recueillies à d'autres sources que la discrétion l'empêche de désigner.

" En somme le procédé serait ingénieux piquant et nouveau !

" Mais alors : adieu la clef !... adieu... le moderne Champollion ! etc. "

« Je vous livre cette idée. Qu'en dites-vous ? Quant aux livres, j'en ai vu trois échantillons, et je trouvais ce travail insensé.

« Mais s'il en existe 45, avec ou sans ceux

26

d'Orléans, alors cela dépasse les bornes de la supposition vraisemblable ! Et pourtant, dites-vous, les 45 existent, *je les ai vus !*

« Le fait est acquis et personne ne le conteste ; ce qui est en question, c'est la découverte authentique, réelle de la *clef magique !*

« Que dites-vous du sourire sceptique de l'un de vos lecteurs ordinaires ? Pouvez-vous nous renseigner sur ce point, revenir sur le sujet et répondre, en critique sérieux que vous êtes, sur ce sujet ?

« Voilà, monsieur, ce que je tenais à vous dire ce soir même... »

Quelle que soit l'injure qu'on voulait faire à Pierre Louÿs, c'est tout de même le chiffre qu'il avait découvert qui nous a permis de lire intégralement ce qui est aujourd'hui accessible des manuscrits. Ce qu'ils sont devenus à la mort du poète, nous ne le savons pas. Toujours est-il que 39 volumes manuscrits de Legrand se trouvent actuellement à la Bibliothèque nationale : 36 volumes demi-veau bleu tomés de 1 à 37 (il manque le tome 31) et 3 volumes non tomés estampés à la cathédrale [1].

Que contiennent-ils ? S'il faut résumer jusqu'à l'absurde et condenser près de 150 000 pages en une seule phrase : le récit de sa vie et la copie des lettres envoyées et reçues entre 1835 et 1865

---

1. N.A.F. 14494 à 14532, don Roger Cros. Nous remercions très vivement M. Alain-René Hardy d'avoir eu la gentillesse de nous signaler la présence de ces manuscrits à la Bibliothèque nationale.

par Henry Legrand, un maniaque obsessionnel qui pousse le souci de l'exactitude jusqu'à décrire le papier, l'écriture, le cachet, le timbre et les circonstances dans lesquelles il a exécuté le double de chaque document. Au travers de ces textes, c'est toute une galerie de portraits qui apparaît, comme nous le découvrirons progressivement au fil des chapitres suivants.

I

Adèle Deslauriers.
Fiction et réalité

« Mes pensées d'amour et de gloire pour Adèle
— Histoire des femmes que j'ai connues — Henry
Legrand — 1836 », ainsi s'intitule le premier
recueil écrit par Legrand. Cette primauté semble
confirmée par le sous-titre : « Histoire des femmes
qui m'ont aimé ou de mes caprices », comme aussi
le caractère encore incertain de l'écriture où les
consonnes doubles et les diphtongues sont sépa-
rées pratiquement sans liaison alors que plus tard
l'écriture, malgré sa grande régularité, acquerra
beaucoup de souplesse et de cursivité.

Mais surtout, c'est la bien triste histoire, peut-
être imaginaire, d'un premier amour, peut-être
vrai, de Legrand pour Adèle Deslauriers, une
amie de sa sœur. Elle est de Gournay ; ses parents
ont refusé sa main à Legrand. Ils s'enfuient à Paris
et se marient symboliquement à l'église des Petits-
Pères [1] en échangeant des anneaux au cours d'une

---

1. C'est aujourd'hui l'église Notre-Dame-des-Victoires.

messe le 5 mai 1835. Legrand raconte ainsi la fin de l'aventure [1] *:*

La nuit de noce

Je déshabillai ma bien-aimée... Mes mains tremblaient en la touchant !... Je détachai sa couronne virginale, quand elle n'eut plus que sa chemise et sa dernière jupe, moi, je m'étais déshabillé en même temps et j'étais en chemise... En détachant sa couronne, ses longs cheveux tombèrent sur ses épaules et en voulant les jeter par-derrière elle cassa la gance (*sic*) qui serrait sa chemise autour de son cou gonflé par l'attente du bonheur !... Sa chemise tomba au-dessous de son sein qui s'agitait... Elle retint sa chemise avec sa main, mais elle retombait cependant jusqu'au coude et j'entrevoyais la moitié d'une de ses mamelles (*sic*)... Elle détacha sa jupe qui tomba. En cet état son dos était découvert jusqu'à la taille, elle s'approcha du lit en se traînant, elle mourait d'amour !... Elle s'appuya sur l'oreiller de notre lit nuptial... Elle me lança un regard rempli d'amour et de volupté !... Ce n'était pas la première fois que nous couchions ensemble !... Mais comme celle-ci était solennelle pour nous !... Elle allait se donner à moi tout entière ! J'effeuillai sa couronne de fiancée... Elle sourit comme un ange et se pâma

---

1. N.A.F. 14530, p. 199 verso-201 recto. Les points de suspension qui reviennent inlassablement dans ces pages sont dans le manuscrit. Lorsque nous coupons un texte, nous écrivons : /.../.

de plaisir, ses bras, qui retenaient sa chemise sur son sein, tombèrent sans force, sa chemise coula à terre et elle se laissa aller nue à la renverse sur le lit !... Qu'elle était belle ! Son sein ferme et blanc... Ses boutons de mammelles (*sic*) roses agités par le désir, son ventre palpitant... Et son beau jardin d'amour !... Mon Dieu ! Je perdais la tête, car, ses cuisses s'étant écartées, je voyais ses lèvres chastes s'entr'ouvrir pour laisser passer les soupirs brûlans de son bouton de rose qui s'épanouissait sous l'influence de la volupté... Je me sentis attiré vers elle par une puissance irrésistible, mais elle porta vivement ses mains sur elle et se sentant nue elle voulut se couvrir, mais elle prit ma chemise et me mit nu comme elle... Elle croisa ses bras sur son beau sein, sans que nous dissions l'un ni l'autre un seul mot... Je la pris dans mes bras, nue comme moi ; je la posai haletante dans le lit et me mis près d'elle !... Mon Dieu ! Je l'accablais de caresses... Elle me les rendit, bientôt je sentis ses mains caressantes m'attirer sur elle... Son sein palpita sous mon sein ! Mes cuisses furent étreintes par les siennes... Mon ventre brûlant se posa sur le sien... Mes lèvres amoureuses pressèrent les siennes... Son bouton de rose épanoui par le désir qui la maîtrisait me laissa l'entr'ouvrir... O bonheur !... Volupté !... Sais-je ce que nous faisions ?... Ce petit cri de douleur qu'elle poussa m'avertissait que sa couronne virginale était effeuillée !... O mon Adèle ! Ma femme adorée !... Tu étais pâmée dans mes bras, en proie aux convulsions de la volupté !... Et de la volupté la plus pure !... Adèle !... Ange ! Où es-tu ? Réponds-moi : C'est ton amant... ton mari qui

t'appelle !... Quand elle reprit ses sens ce fut pour
m'accabler encore de caresses plus vives !... Enfin,
brisée par le plaisir, enivrée d'amour... elle s'endormit dans mes bras... Je dormis aussi !... L'orage
avait continué toute la nuit !... Nous nous levâmes
plus amoureux que jamais !... Nous étions encore
nus... Elle m'égara encore une fois... Le lit était
plein de sang !... Nous allâmes vîte (*sic*) à la messe.
Le prêtre bénit nos anneaux !... Nous rentrâmes...
Je sortis ensuite pour aller chercher à déjeuner,
car nous n'avions pas de bonne !... Je voulais faire
un joli déjeuner, je fus assez longtemps à trouver
ce que je voulais... Et je mettais tous mes soins
à rendre ma petite femme contente de ma galanterie... En partant j'avais remarqué un homme en
redingotte (*sic*) qui semblait surveiller ma porte
et qui s'y dirigea, quand j'eus passé le passage
Radziville (*sic*), mais je n'y fis pas plus d'attention !... J'étais heureux !...

*Le titre « Désespoir » du chapitre suivant est
présenté dans un écu surmonté d'un heaume au
milieu d'un lacis de feuilles et de fleurs*[1].

Eh bien ! J'arrive chez moi ; je monte rapidement l'escalier, sans m'occuper du portier qui crie
après moi... Personne... Je visite tout... Elle n'y
est pas... Sa malle est vide... Son chapeau n'est
plus là... Un homme comme tous dira qu'elle
m'avait trompé et était partie avec un rival... Dieu
m'est témoin, Adèle, que cette pensée outrageante
pour toi ne me vint pas à l'esprit... Je descends

---

1. N.A.F. 14530, p. 201 verso-206 verso.

vîte (*sic*) chez le portier... Il montait chez moi et me dit qu'à peine étais-je sorti que le père et la mère de Madame étaient venus : étaient restés peu de temps avec elle puis étaient descendus tous... Adèle pleurait beaucoup ; ils étaient tous montés en fiacre et s'étaient éloignés.

Sans penser à mon déjeuner je cours chez Ernestine [1]... Elle était dans son boudoir... Je m'y précipite sans être annoncé... Malgré les domestiques... Je l'accable de reproches, mais elle se justifie si bien que je la crois innocente de l'enlèvement de ma femme, car enfin Adèle était ma femme [2] !... Je retourne chez moi. Une lettre... la main d'Adèle !... Ah !... Je vais donc savoir... Je déchire le dessus... Ma main tremblait comme la veille en la déshabillant... mais que le sentiment qui en était cause était différent !...

« Mon ami ! Mon mari ! Mes parens m'enlèvent à ton amour ; j'ai dû céder à leur volonté malgré ma résolution, car leurs menaces contre toi, qu'ils

---

1. Ernestine est désignée par Legrand à cette époque sous le nom de Madame Félicien de Saulnois. Est-ce elle qu'il qualifiera plus tard de Comtesse Antonia de Saulnois ? L'identité de ce personnage qui ne cessera de jouer un grand rôle dans les manuscrits reste entièrement mystérieuse.

2. Ici apparaît l'un des côtés mystiques du comportement de Legrand : l'échange d'anneaux à l'église, même si dans la réalité il n'a jamais eu lieu, lui a fait considérer Adèle comme sa femme, bien qu'il n'en soit rien officiellement. La réaction de Legrand suspectant Ernestine s'explique par la jalousie imputée à celle-ci qui aurait été sa maîtresse avant Adèle, d'après ce volume des manuscrits du moins. Les deux femmes s'étaient rencontrées dans une réception au château de Saint-Paër près de Gisors et avaient pourtant sympathisé.

appellent mon ravisseur, étaient si atroces qu'elles m'ont fait trembler pour toi... Il vaut mieux nous séparer pour un temps ! Et laisser assoupir leur haine... Je te serai toujours fidelle (*sic*), sois comme moi. Adieu, mon mari, mes tyrans vont venir. Adèle. »

Que devins-je alors ?... Je tombai anéanti sur une chaise... Je fus obligé de me coucher car j'avais presque le délire de la fièvre... Quel avenir cruel se présentait à moi !... De l'amour ? Il n'en était plus pour moi !... Adèle !... Mon ange adoré était séparée de moi... de son mari... qu'elle aimait !... Car elle m'a aimé, Adèle, elle m'a aimé !... Il faut bien aimer pour faire ce qu'elle a fait pour s'unir à moi !... Et elle est ma femme !... Je l'ai possédée... possédée le premier !... Et pourtant elle n'est plus là... près de moi... qui meurs d'amour pour elle !... Adèle bien-aimée !

Je passai seul, malade au désespoir, une nuit qui aurait été si belle avec mon amie !... Et pouvais-je alors bénir la providence ?... Mon Dieu, pardonnez-moi si je vous ai maudit.

... Et vous, parens cruels ! Cœurs enflés de vanité, d'ambition qui mariez votre fille pour plus ou moins d'écus... Voyez où vous m'avez réduit !... Et elle aussi, j'ose dire... Si tout ce qu'elle m'a dit est vrai !... Et c'est vrai... n'est-ce pas, mon Dieu ! Répondez-moi, vous qui lisez au fond des cieux !... Elle ne m'aimerait pas, qu'en apprenant comme je l'aime, moi, il faudrait qu'elle eût le cœur bien dur pour ne pas m'aimer aussi !... Quelle est cette femme qui pleure, là au chevet de mon lit ?... Ce n'est pas Adèle !... Non !... Si

34

vous la voyez, dites-lui que je l'aime toujours, dites-lui qu'elle se rappelle nos sermens faits devant Dieu qui les a reçus... Dites-lui que je meurs d'amour... que son image est toujours là, dans mon lit... à mon côté... car elle a été mon épouse chérie, ma belle fiancée... et si vous saviez comme ses beaux yeux étaient tendres ce soir-là !... Ah ! Mais... si vous ne la connaissez pas... écoutez ce que je vais vous dire et vous trouverez ma bien-aimée... Vous la reconnaîtrez entre mille... Son sourire est si gracieux !... Son port si majestueux !... Sa démarche si fière !... Sa voix est comme la voix des anges qui chantent les saints cantiques, ses yeux lancent des éclairs... Et ils étaient si doux quand ils se tournaient sur moi !... Son sein est ferme comme celui d'une statue de marbre... Mais comme il s'agitait de plaisirs quand il sentait s'approcher son ami !... Ses pieds sont légers comme ceux d'une jeune levrette... Et si vous voyiez ses doigts courir sur le clavier d'un piano !... Prononcez devant elle le nom de Henry... et vous verrez comme soudain son visage mélancolique prendra de l'incarnat ; comme ses yeux éteints reprendront leur brillant accoutumé !... Si elle est fidelle (*sic*) !... et elle l'est, n'est-ce pas ?... Dites-moi qu'elle l'est !... ce n'est pas difficile, cela ne vous coûtera pas beaucoup et je serai si heureux !... Moi ! Dites-moi qu'elle est toujours fidèle. C'est ma mère qui pleure à mon chevet... Sèche tes larmes, vois-tu elle m'aime comme je l'aime et je l'aime tant !... J'en suis malade, vois-tu, de l'aimer trop !... Mais cet amour-là, c'est ma vie, à moi... et je crois bien que mon amour est aussi sa vie à elle !... Donne-moi ce papier que je lui écrive comment j'ai connu Ernestine. Elle me l'a demandé et une pareille confession me soulagera, je le sens bien... Ecoute bien, Adèle, mon amour, ton petit mari va te parler.

Suit une « Histoire de Ernestine » dont le titre s'inscrit dans un paysage parisien et qui va éclaircir l'allusion précédente à ce personnage important. S'il ne fait aucun doute que Legrand ait bien eu une longue liaison avec la comtesse de Saulnois, rien ne prouve qu'elle ait débuté ainsi. Tout porte même à croire qu'il n'en est rien.

Pendant le carnaval de 1835, je me laissai entraîner par un jeune homme à l'Opéra, au bal masqué. J'avais un assez beau domino noir qu'on m'avait prêté et des souliers de femme. Lui avait un domino ponceau. Il me promettait beaucoup de plaisir parce que nous aurions des dames de la haute volée à intriguer.

Tu te doutes bien, Adèle, quel est le jeune homme dont je parle ici.

Nous allons en voiture au bal. Nous arrivons dès le commencement. Une dame dont je tais le nom, parce que je ne le sais pas, nous reçut dans sa seconde loge de face. Je crus voir que mon compagnon ponceau ne lui était pas indifférent du tout. On s'occupa de suite d'intriguer. La dame prétendit qu'Ernestine devait venir à ce bal, dans l'intention de la contrecarrer, et assura qu'elle ne sortirait pas de sa loge. Elle voulait la faire intriguer pour lui donner tant de soins qu'elle n'eût pas le loisir de s'occuper d'elle. Je m'offris afin de ne pas rester en tiers importun : on m'eut bientôt donné mes instructions et on les finissait justement comme elle entra dans la salle. Elle portait un domino noir bordé de dentelles noires ; elle devait être seule. Je descendis quatre à quatre pour ne pas lui laisser le temps d'échapper ; peu importe ce qu'auront fait mon ami et sa compagne ennemie des lumières. Je suivis quelque temps le domino à dentelles qui fit plusieurs tours dans le bal sans dessein arrêté en apparence. Au moment où elle passait près des baignoires je me glissai entre elle et la baignoire et lui dis bien bas : « Comment ? Vous ici ? Et seule ? Ernestine ! » Effrayée, elle s'échappa ; je me dérobai à sa vue dans un groupe, puis je m'élançai après elle dans l'escalier du foyer, parce que je craignais qu'elle ne voulût changer de costume ou s'en aller. Je la rencontrai dans une porte et lui dis encore : « Vous me craignez ?... Ce n'est pas moi qu'il faut craindre. Celui pour qui vous êtes ici est absent ; et il y serait qu'il ne vous voudrait pas voir. » Elle s'arrêta, me regarda fixement... et je vis, malgré son masque, qu'elle devait être surprise... mais sa surprise semblait dire : « Je ne sais ce que vous voulez dire. » Je m'éloignai encore ; elle me suivit cette fois, au lieu de me fuir ; elle chercha à m'accoster, elle y réussit dans un couloir, après avoir bien couru... Elle me dit :

« Etes-vous un homme ou une femme ?

— Félix pourrait vous le dire. »

Elle resta comme interdite ; puis elle me dit :

« Il est fort extraordinaire que je ne vous connaisse pas et que vous sachiez mon nom et celui d'un jeune homme qui se dit aimé de moi... Cependant !... je vous en prie, parlez et que j'entende votre voix. »

Je lui dis sans changer ma voix le moins du monde :

« Madame, je vous parlerai si longtemps que vous voudrez, je me démasquerai même si vous le désirez et vous ne me reconnaîtrez pas parce que nous ne nous sommes jamais rencontrés nulle part.

— Eh bien !... démasquez-vous ! »

Je le fis... Et, ne me reconnaissant pas, elle dit :

« Quelle étonnante aventure !... Je ne vous connais pas ; vous assurez ne pas me connaître... et tout ce que vous m'avez dit !... C'est ce Félix qui vous a envoyé !...

— Je ne le connais pas, madame...

— Eh bien ! Monsieur, c'est une insigne méchanceté qu'on vous a fait faire là... On veut absolument que j'aie eu ce Félix parce que j'ai une réputation d'indifférence qui offusque les femmes qui se disent mes amies... Sachez, monsieur, que je venais ici pour prendre une dame de mes amies et aller de là dans un bal masqué de société... Elle est ici, sans doute, celle qui vous a fait courir après moi. »

Elle pleurait sous son masque, sa taille m'avait déjà prévenu en sa faveur, je la priai de se démasquer puisque je l'assurais que je ne la connaissais pas, je lui demandai pardon de ma faute involontaire, enfin je parlai avec tant d'effusion qu'elle se fia à moi et ôta son masque pour essuyer ses larmes. Elle me parut bien belle et je l'engageai à accepter pour cavalier celui qu'elle avait regardé jusqu'ici comme un persécuteur. Elle accepta et me pria de lui donner mon bras jusqu'à sa voiture : « Ce qui vous prouve que je n'étais pas ici pour le bal. » Je sortis avec elle et laissai les autres faire dans leur loge ce qu'ils voulurent. S'ils me cherchèrent, ils durent s'amuser. Nous montâmes en coupé et son laquais lui ayant dit : « Allons-nous chez Me XX ? — Non, dit-elle. Chez moi. — A l'hôtel ! » cria le laquais.

Arrivés à l'hôtel, nous montâmes au salon et de là dans le boudoir. Car les domestiques me prenaient pour la dame qu'Ernestine devait rame-ner du bal. On nous laissa seuls ; elle jeta son masque, dépouilla son domino et parut en robe de bal décolletée... Elle se jeta brisée et en désor-dre sur un divan et je lui réitérai encore l'expres-sion de mes regrets ; mais cette expression deve-nait bien tendre... Que te dirai-je, mon Adèle, je n'avais jamais vu de femme comme je voyais Ernestine, je perdais la tête parce que je désirais quelque chose sans savoir ce que c'était... Ses yeux mouillés de larmes devenaient bien doux en me regardant ; elle me dit de m'asseoir. Je m'assis sur le divan où elle était couchée. Ainsi placé, je voyais les soulèvements de son sein blanc comme sa robe. Dans un mouvement qu'elle fit, le bouton rose de sa mammelle sortit, il était raidi par le désir, je l'accablai de caresses qu'elle me rendit et au bout d'une demi-heure la robe de bal était chiffon-née, son sein nu et nous nous tutoyions... Nous couchâmes ensemble ; elle était ivre de joie de voir que c'était elle qui m'avait pour la première fois... Elle me dit qu'elle m'aimait à la fureur, et c'était vrai, elle l'a prouvé, mais je ne la crus pas... Elle couvrit de malédictions la femme qui avait voulu me faire intriguer dans un bal masqué, innocent comme j'étais... Puis elle la bénissait puisque c'était à elle qu'elle devait ma connaissance ; mon amour ! Nous ne nous levâmes qu'à midi, elle m'avait abîmé de caresses ; je restai chez elle toute la journée, le soir j'allai me déshabiller et revins en habit de ville... Je couchai encore avec elle ; puis vint ta lettre qui me rendit à moi-même et je n'y retournai plus du tout. Je ne croyais pas la rencontrer à St-Pair [1].

Voilà tout, Adèle, toi aussi tu m'as abandonné. Il y a longtemps que ceci s'est passé, c'était en 1835 et nous sommes en mars 1837, c'est demain Pâques [2]. Depuis je suis devenu fou, bien certainement .... Je veux me dissimuler mon état à moi-même, mais je ne puis en venir à bout... Si les autres me voyaient parler seul chez moi, parler à ma bien-aimée, la voir quand elle n'est pas là [3], on me mettrait aux Petites-Maisons [4] ! Je ne peux pas travailler, et je fais tout ce que je peux pour me ruiner la santé afin d'en mourir... C'est une nouvelle méthode de suicide par mûre réflexion. Que fais-je ici-bas ? Je ruine mes parens, je veux de l'amour, en ai-je ? J'avais trois amis ; l'un m'a

---

1. Legrand écrit toujours St-Pair pour St-Paër.
2. Sauf erreur de notre part, ce serait donc le 27 mars. Bien que ce ne soit pas du tout, comme nous le verrons bientôt, Adèle Deslauriers que Legrand évoque ici, nous n'avons aucune raison de douter de l'exactitude des dates qu'il donne dans ce passage dont le ton est plus authentique.
3. Pour la première fois, Legrand prétend « voir » un sujet absent. Il peut ne s'agir ici que d'une figure de style, mais nous verrons par la suite que ces visions évolueront de plus en plus vers le spiritisme.
4. Les Petites-Maisons étaient un hôpital d'aliénés sur l'emplacement de la maladrerie de Saint-Germain-des-Prés.

trahi près de mes parens ; le second, après m'avoir gêné pendant six mois, est parti sans reconnaissance et sans me payer une vieille dette de confiance ; le troisième et c'est mon seul ami, mon ami d'enfance, Turodin enfin a dit à son père que je courais les spectacles, son père l'a dit au mien etc. M. l'éditeur me voit mieux absent que présent, mon médecin me reçoit pour son argent, les architectes s'intéressent à moi au point de ne pas me reconnaître ; pas d'avenir ! Des parens jaloux ! L'intérêt guide tout, peut-être moi-même. Mais Dieu ? Il me tend les bras, je n'ai jamais fait de mal... Mais tes parens ? Je les débarrasse... Mais l'amour ? l'amour ! Ah oui... J'ai aimé des idéalités !... Elle m'aime !... L'amour, c'est un bel épisode du rêve de la vie !... C'est un rêve, je veux me réveiller !

Si l'aventure avec Ernestine, alias Antonia, est destinée à durer — elle durera même jusqu'à la mort de celle-ci en 1847 — c'est sur ce ton désabusé sinon déprimé que s'achèvent à la fois le volume et l'aventure mi-réelle mi-fictive, avec Adèle Deslauriers qui l'oubliera vite. En réalité, elle se mariera, cette fois tout à fait raisonnablement fin 1837 - début 1838 avec M. Mairet, professeur de piano à Rouen [1] et Legrand ne la reverra jamais.

C'est en effet ce qu'il affirme. Il est vrai qu'il affirme beaucoup de choses dans ce volume où l'on trouve déjà tous les thèmes qu'il développera tout au long de ses manuscrits et dès ce volume

_____

1. *Cf.* N.A.F. 14497, p. 13 recto.

se trouve planté le décor qu'il a donné à son œuvre cachée. Il parle d'amour, c'est vrai, nous y reviendrons, comme lui, sans cesse ; comment pourrions-nous faire autrement ?

Mais le caractère le plus frappant de sa passion, pour ne pas dire de sa jouissance, d'écrire est qu'il ne le fait pas à vif. Il écrit à froid, plusieurs années après l'événement, comme pour accentuer l'écart entre le vécu et l'écrit, et il semble qu'il écrive pour revivre ce que justement il écrit.

Ce n'est pas simple, car il ne s'agit pas seulement des femmes qu'il a connues, autrement dit des temps forts de son existence. En réalité, tout ou plutôt n'importe quoi vient sous sa plume, du détail le plus significatif au détail le plus insignifiant ; sinon le plus insipide. Et d'ailleurs dans le volume dont nous nous occupons maintenant, il fait le récit d'une soirée qu'il a passée à Beauvais, dans sa famille, et la conversation entière de la soirée est minutieusement rapportée telle qu'il se la rappelle. Nous faisons grâce au lecteur et n'en donnons ici qu'un extrait à la cocasserie duquel nous n'avons pu résister [1].

« Il faut avouer, M. Magnien, que vous avez là des confitures excellentes, disait Me Deslauriers [2] je n'ai jamais pu les faire aussi diaphanes, et cependant ma fille et moi nous y mettons tout notre savoir-faire. — Ce n'est pas ma femme qui les fait seule, c'est Me Legrand. — Madame,

---

1. N.A.F. 14530, p. 6 recto.
2. Legrand utilise souvent l'abréviation « Me » pour « Madame ».

vous avez un talent merveilleux pour faire la gelée, répliqua Desjardins. » Et là-dessus il entre dans une énumération des diverses manières de faire les confitures, soit en cuisant le sucre, soit en le clarifiant seulement, soit même en ne faisant ni l'un ni l'autre.

Même en juxtaposant à ces platitudes, dont l'humour involontaire fait irrésistiblement penser à Beckett, l'histoire plus relevée des femmes que Legrand a connues, en apparence on ne trouve rien que de très banal dans la vie parisienne de ce jeune Rastignac : une aventure avec Adèle Deslauriers qui se termine mal, une autre avec Antonia qui est plutôt flatteuse, une vie précaire à Paris et la quotidienneté la plus fade.

Seulement la réalité est plus compliquée que ne le laisse supposer une lecture hâtive du texte, car déjà sexualité et mysticisme se trouvent mêlés, et ceci de manière inextricable comme ce sera le cas tout au long de la vie de Legrand. Nous pourrions en effet évoquer la nécessité presque métaphysique du couple « anneaux bénits » et « couronne virginale », identifiés à la limite les uns à l'autre, comme le Dieu de Legrand et son phallus le seront aussi discrètement que symboliquement.

Et puis il y a la volonté de Legrand de cacher dans l'écriture et de se cacher derrière elle, ce qui, si l'on nous permet le paradoxe, est évidemment une volonté de tout révéler, mais de tout révéler peu à peu. Pour qu'il n'y ait pas une fois pour toutes la révélation définitive d'un grand secret, mais au contraire de minimes révélations progres-

sives de ses petits secrets, Legrand doit ruser tout autant avec le lecteur éventuel qu'avec lui-même. Essayons donc d'y voir un peu plus clair dans son aventure avec Adèle Deslauriers.

Sous le titre « Désespoir » se trouve un bandeau et dans celui-ci, en caractères si fins qu'ils échappent aisément à l'attention du lecteur, cette inscription : « roman peut-être — trop vrai depuis et — en — des parties. »

Voici qu'il nous a donc quelque peu menés en bateau ; voici le vrai et le faux mêlés. Pourtant Adèle Deslauriers a bien existé, et tout indique qu'il a bien eu une liaison avec elle. Le 5 mai 1835, il y avait bien longtemps non seulement que cette amie de la sœur de Legrand n'était plus une vraie demoiselle, mais que sa liaison avec Legrand avait été rompue. Il n'est pas impossible que ses parents aient refusé la main de leur fille à Legrand. Mais, sauf en ce qui concerne son prénom en lequel paraît se cristalliser son souvenir, elle ne semble pas avoir eu dans la vie de Legrand le rôle important qu'il lui fait jouer dans son œuvre, fût-elle romancée.

Voici en effet ce qu'il écrit dans une note significative qu'il se fait à lui-même au bas d'une lettre adressée à sa mère le 19 novembre 1836 [1].

... Cette Adèle Deslauriers était une jolie demoiselle qui avait l'apparence de Juana. S'il était resté à Beauvais, il l'aurait pourtant aimée pour le souvenir de son inconnue. Tu peux voir le roman

---

1. La note ne peut donc être que postérieure à cette date. N.A.F. 14497, p. 9 recto.

du volume Una Muger, dans lequel il s'efforçait de se cramponner à la réalité par une fable ; pendant que l'inconnue qu'il regardait comme une fable impossible devenait une réalité.

Comme il le fait très souvent mais non exclusivement, Legrand parle de lui-même à la troisième personne du singulier, effort supplémentaire mais dérisoire d'objectivation. Voici donc Adèle Deslauriers ramenée à ses justes proportions, mi-réelle mi-fictive ; mais aussitôt un mystère nouveau apparaît en la personne de Juana, cette Castillane aussi belle que tragique qui devait bouleverser la vie de Legrand.

II

La belle inconnue des « Italiens »

Juana, toute réelle qu'elle soit, n'est qu'une vision fugitive, une inconnue, mais dont Legrand s'éprendra dès le premier instant et de plus en plus passionnément [1].

Ce fut donc en octobre 1833 que je fus avec mon beau-frère [2] aux *Italiens* et que je la vis pour la première fois. Ce fut en 1835, le 21 janvier, un mercredi, que ma famille vint à Paris ; je ne parlerai que de mon inconnue. Le 23, ma mère et ma tante partirent et le lendemain samedi, nous allâmes au balcon des *Italiens,* ma sœur, mon beau-frère et moi. Je la revis ce soir-là, je la revis, mon bel ange ! Je ne sais pas seulement si je pensai à en remercier Dieu !

C'est donc entre ces deux dates, octobre 1833

---

1. N.A.F. 14531, p. 31 recto.
2. Legrand avait une sœur aînée au prénom peu féminin : Arsène. Elle avait épousé Victor Magnien, lequel deviendra directeur du conservatoire de musique de Lille.

47

*et janvier 1835, que, désespérant de revoir sa
« belle inconnue », Legrand phantasme avec ou
sans mais surtout à propos d'Adèle Deslauriers.
Legrand est un jeune étudiant aux revenus modes-
tes, mais, grâce à la générosité de son beau-frère,
il retourne de plus en plus aux* Italiens, *moins
intéressé par le spectacle présenté sur scène que
par l'apparition attendue de Juana. Et puis un
jour...* [1].

Une jeune et jolie dame entra, suivie d'un
homme d'une cinquantaine d'années à ce qu'il me
parut. Je m'empressai de lui donner ma place sur
le devant et me mis à côté de son frère, car elle
l'appelait son frère ; on l'aurait plutôt cru son
père. Elle me dit d'une voix douce, mais pleine
et sonore, qu'elle était bien fâchée de me déran-
ger.

Nous nous regardions tous deux avec étonnement, il me sembla que je l'avais vue déjà quelque
part ; eut-elle aussi cette pensée ? Après quelques
paroles échangées avec le frère, par forme de poli-
tesse, je gardai le silence le plus absolu. Je cher-
chai à me rappeler où je l'avais vue, car je l'avais
vue certainement. Je ne pus en venir à bout. Il
me sembla que j'avais pensé à elle ; mais quand
on a longtemps pensé à une personne sans la
revoir, l'esprit finit par s'en former une figure
tout à fait idéale, et l'on ne reconnaît plus l'ori-
ginal à moins qu'un point invariable ne vous le
fasse reconnaître. Je pensais qu'il pouvait bien se
faire qu'elle fût étrangère, car son accent et son

1. N.A.F. 14531, p. 33 recto-38 recto.

son de voix étaient bien méridionaux. A la fin je ne m'étonnais pas d'avoir pensé à elle, ou de croire avoir pensé à elle, car elle était si belle que je ne pouvais guère donner à la femme idéale que je m'étais formée une figure plus belle que la sienne. Je me perdis dans mes conjectures, et je serais bien embarrassé de dire ce que je pensai pendant tout le premier acte de l'opéra, *le Cheval de bronze* [1], je crois, mais je n'en suis pas sûr. Il y eut un moment où l'orchestre et les chœurs allèrent fort peu en mesure ce qui causa une hésitation bien marquée dans la masse. Sans être à la pièce, je le sentis et fis un mouvement prononcé d'impatience ; elle se retournait précisément au même moment, et, sans doute, pour la même cause, elle vit peut-être mon mouvement et le frère aussi, car, le finale terminé, il me dit :

« Vous êtes musicien, monsieur ?

— Un peu, monsieur, je suis amateur de musique.

— Peut-être vous êtes artiste ?

— Oui, monsieur, mais mon état est l'architecture.

— Ah ! ah ! vous devez savoir bien dessiner... C'est un bel art que le dessin ! Et c'est en outre un bien grand avantage quand on peut y joindre la connaissance de la musique. »

Il s'étendit beaucoup sur l'utilité du dessin et l'agrément de la musique et à la fin m'apprit qu'il ne croyait pas faire trop mal les aquarelles et jouait agréablement de la flûte.

---

1. Opéra-comique, musique d'Auber sur un livret de Scribe.

Sa sœur était retournée sur sa chaise, le menton appuyé sur sa main, et écoutait en souriant. On voyait bien qu'elle sentait le ridicule que son frère se donnait. Elle me regardait de temps en temps, toujours avec un air curieux, comme si elle m'avait déjà vu aussi, et moi, j'osais aussi la regarder par la même raison ; enfin je finis par me persuader que je ne l'avais jamais vue et je ne pensai plus à cette idée qui m'avait frappé tout d'abord. C'est égal ! Elle me semblait bien jolie ; et j'eus toutes les peines du monde à forcer mon âme à rester fidèle à ma belle inconnue des *Italiens*. Le frère ajouta :

« Ma sœur est excellente musicienne et chante comme une divinité.

— Laissez donc, mon frère. »

Elle se retourna en faisant la moue, mais se remit bientôt dans sa première position. « Oui, elle chante comme un ange ; aussi je mets touts (*sic*) mes soins à lui faire entendre de belles voix et de bonne musique ; et ce n'est que rarement que nous venons ici, seulement cette fois nous avons voulu voir le nouvel opéra. »

La conversation s'animait de plus en plus et le frère ne la laissait pas périr faute d'aliment. Il aimait beaucoup causer. Je ne sais comment la confiance finit si bien par s'établir entre nous qu'il me dit : « Si vous veniez chez nous, à Passy, vous verriez mes fleurs, j'en ai une collection des plus belles ; cela récrée la vue et plaît surtout à Adèle » (Ah ! Elle s'appelle Adèle ! Il y a une fatalité sur moi [1] !)

_____

1. Ce n'est pas par erreur que nous transcrivons Adèle. Il s'agit bien de Juana, la belle inconnue des *Italiens* que

« Je lui en fournis une ample provision sur sa toilette car je suis extrêmement galant pour un frère.

— Et vous avez raison, cela ne peut que vous faire gagner encore dans l'esprit de mademoiselle.

— Je le sais bien, et je le fais aussi. »

Pendant la pièce qui reprit alors, un échange continuel d'observations plus ou moins justes, plus ou moins sérieuses ou bouffonnes avaient mis le frère tout à fait le cœur ouvert avec moi ; il était charmé d'avoir trouvé en moi à qui parler, et s'il avait connu le fond de mon caractère, il m'en aurait su un gré infini. Il reprit ensuite :

« Je fais tout ce que je peux pour lui faire plaisir et j'ai bien de la peine à y réussir. Je pourrais même dire que je n'y réussis pas du tout.

— Ah ! Mon frère, pouvez-vous dire cela ?

— Enfin, je sais ce que je dis. Figurez-vous qu'un de nos oncles, en mourant, (elle se retourna en fesant (*sic*) un geste d'impatience) je ne vous dirais pas cela si ma sœur ne m'y forçait pas en quelque sorte en prétendant que je réussis à lui faire plaisir ; eh bien, cet oncle m'a recommandé de faire épouser à ma sœur son fils adoptif, un jeune homme charmant, fait pour plaire à une femme ; il est artiste ; il chante à ravir et si bien même que, sans les espérances qu'il conserve d'entrer dans notre famille, il se donnerait au théâtre ; il peint très-bien, et me comble ainsi qu'Adèle de prévenances et de politesses ; eh bien, elle prétend

---

Legrand a du mal à reconnaître. Nous verrons plus bas pourquoi le frère l'appelle Adèle.

rester libre et repousse toutes mes instances. (Adèle était toujours retournée). C'est la douceur même que ce jeune homme ; et de plus elle ne consulte pas son intérêt puisqu'elle est déshéritée par son oncle si elle ne l'épouse pas ; je suis l'exécuteur testamentaire, et je ne peux ni ne veux outrepasser mes pouvoirs.

— Mon Dieu, mon frère, qu'est-ce que tout cela peut faire à monsieur ? Je vous demande pardon, monsieur, si mon frère vous fatigue de mon histoire. Il aime ce jeune artiste, parce qu'il lui donne des leçons d'aquarelle et fait avec lui des duos de flûte.

— Vous êtes bien cruelle, ma sœur !

— Vous m'y avez forcée et maintenant j'en suis fâchée. »

Je ne sais comment cela se fit, je ne sais s'il me mit par ses confidences dans la nécessité de lui demander à voir ses ouvrages et ses fleurs, sous peine d'être impoli, ou si, malgré mes habitudes, je tournai moi-même l'entretien vers ce but, mais il y a un fait, c'est qu'il me dit :

« Il n'y a pas longtemps que je me livre au genre de l'aquarelle, il n'y a pas aussi longtemps qu'à la flûte, mais, sans vanité, je ne réussis pas mal. Si vous pouvez trouver le moindre plaisir à visiter mon parterre et ma collection d'aquarelles, rien n'est facile comme de vous en passer l'envie : seulement je vous aurai de l'obligation, car, franchement, vous aurez du mérite à venir chercher si peu de chose si loin. Je demeure Grande Rue de Passy, n° 46. Je suis seul dans la maison avec ma sœur et l'on me trouve toujours au jardin dans ce temps-ci. Je serai flatté, monsieur, de recevoir votre visite, persuadé que je suis qu'elle ne peut que me faire honneur.

— Monsieur, vous avez trop de bontés, je serai encore votre obligé en trouvant l'occasion de vous connaître davantage. Je serais seulement fâché que ma visite ne fût pas agréable à mademoiselle.

— Ah, monsieur, pouvez-vous le penser ? Je ne me permettrais jamais de trouver mauvaise une invitation de mon frère ; et quand cela serait, ceux qui nous feraient l'honneur de nous visiter n'auraient jamais à se plaindre de la froideur de ma réception...

— Pourtant, ma chère sœur, vous trouvez quelquefois mauvaises celles de mon ami, votre futur mari, soit dit sans vous déplaire.

— Ceci est d'autant plus méchant à vous, mon frère, que monsieur va douter de mes paroles et vous êtes cause que je suis obligée de renouveler votre invitation moi-même, en ajoutant que monsieur me ferait beaucoup de peine en doutant le moins du monde que sa visite pût m'être agréable ; ce qu'il me prouverait en tardant à la faire.

— Je suis trop heureux, mademoiselle, que la petite méchanceté de votre frère ait causé cette invitation si précise et si agréable pour moi. Permettez-moi donc de ne pas lui en vouloir pour cela. »

L'orchestre nous coupa la parole ; et à l'entr'acte suivant elle témoigna le désir de se rafraîchir, le frère voulant appeler le garçon, mais elle s'y opposa ; je m'empressai alors de m'offrir pour aller chercher quelque chose ; mais elle me remercia avec bonté et son frère dit qu'il ne le souffrirait pas ; elle lui demanda quelque chose que je ne compris pas, et il sortit aussitôt, devant voir en même temps si leur cabriolet était à la porte. Il sortit. Heureusement la dame qui était à côté d'elle s'en alla pour toujours et je pris sa place quand elle m'eut assuré que son frère préférerait la banquette de derrière où il était plus à l'aise : « Et d'ailleurs, ajouta-t-elle, n'avez-vous pas eu la complaisance de me céder cette place ?

— Tout autre se fût empressé de céder la sienne à votre sexe et vous ne devez m'en avoir aucune obligation, c'est un devoir que j'ai eu beaucoup de plaisir à remplir. »

Le frère rentra avec des oranges. J'avais profité de son absence pour causer avec sa sœur ; elle m'avait appris qu'elle détestait son prétendu quoiqu'il fût très-bien, peut-être parce qu'on avait voulu lui imposer, peut-être aussi à cause de la question d'argent ; elle ne voulait pas qu'il pût lui dire qu'elle avait cédé à cela. D'ailleurs elle préférait le célibat à ce mariage qui ne ferait jamais son bonheur.

Je vis à cet aveu naïf et amené je ne sais comment, qu'Adèle avait le cœur tout à fait dans l'indifférence. Placé près d'elle, je pouvais observer sa belle figure, et, plus je la regardais, plus je me persuadais l'avoir déjà vue autre part. Je me sentis plus d'une fois prêt à lui demander où je l'avais déjà vue, mais je me tus, j'eus peut-être raison. Je le saurai plus tard, si Dieu me fait la grâce de faire la visite à laquelle on m'invite. Elle répétait avec une sorte de dépit que jamais elle ne serait la femme du prétendu dont son frère m'avait parlé et qui devait peu m'intéresser, disait-elle. La clause du testament qui la déshéritait sans cela, l'éloignait encore davantage.

« Je l'aimerais, disait-elle, que je le refuserais pour cela. Je ne l'aime pas, à plus forte raison suis-je décidée à me contenter de la modique somme que m'a laissée ma mère.

— Vous êtes donc orpheline ?

— Je n'ai plus que mon frère et des oncles bien éloignés d'ici. Mon frère m'aime beaucoup, mais je suis certaine qu'il ne manquera pas d'exécuter à la lettre les instructions de mon oncle mourant. Mon prétendu était son fils adoptif ; je sais bien que c'est un jeune homme estimable sous tous les rapports ; mais je me sens tant d'éloignement pour lui que je n'aurai jamais le courage d'être sa femme. Savez-vous que c'est pour toute la vie, et qu'après il n'est plus temps ? Je me contenterai de mon peu de fortune. Ma résolution n'est pas blâmable, n'est-ce pas ?

— Je ne le crois pas. Elle ne le serait que pour certaines personnes qui voient tout dans la fortune et sont persuadées que l'amour est superflu en ménage. Je ne suis pas de ces personnes-là.

— Je vous en estime davantage puisque vous pensez comme moi. Je ne sais pas ce que c'est, mais je veux sentir en moi quelque chose qui m'attire vers mon mari, et je ne l'ai pas encore senti. Mon frère tient à ce mariage parce qu'il est convaincu que ce jeune homme est aimable et que je pourrai l'aimer plus tard. »

Le frère étant revenu avec d'excellentes oranges, on les partagea également et on continua la conversation sur les aquarelles et les fleurs. Je faisais souvent tourner l'entretien sur la musique

pour avoir occasion d'entendre la voix d'Adèle.
J'aimais beaucoup entendre sa voix grave et mélo-
dieuse qui se mariait si bien avec sa figure sérieuse
et angélique. Je lui donnais à peu près de 19 à
20 ans, et cependant en examinant ses traits, leur
pureté, la finesse de la peau et l'incarnat du teint,
on ne lui aurait pas donné plus de 15 à 16 ans.

Quel était donc le sentiment indéfinissable qui
attachait ainsi mes yeux sur elle ? Etait-ce l'amour,
ou seulement la curiosité ? Je ne sais. Et pourtant,
j'entendais en moi-même une voix qui me disait
de rester fidèle à ma belle inconnue des *Italiens* ;
je voulais écouter cette voix et lui obéir, et quand
je l'écoutais plus attentivement, il me semblait
qu'elle m'ordonnait de regarder Adèle et de ne
pas manquer à l'invitation du frère. Cette invitation n'avait pour moi rien d'étonnant. Il était
passionné pour le dessin et les fleurs ; il aimait
aussi la musique, et je m'étais si bien échauffé au
sujet de ces trois arts, ou de ces trois délassements,
si vous voulez, qu'il était tout simple qu'il voulût
connaître plus particulièrement le jeune homme
dont l'âme s'était si bien rencontrée avec la sienne.
Mes manières sont réservées et timides, il est
facile de voir que les résolutions hardies, que les
excès en quoi que ce soit ne sont pas dans mon
caractère ; d'ailleurs, comme on me l'a toujours
dit, même mes amis, et ce n'est pas peu de chose
dans leur bouche, parce qu'ils ne croyaient pas
me faire plaisir ; j'ai une figure douce, triste et
réfléchie ; quand on me blesse, la souffrance intérieure se reflète sur mon visage, soit par une
expression chagrine quand j'aime l'offenseur, soit
par une expression de fierté et de dédain quand

il me paraît sot ou méprisable. Une femme a généralement beaucoup plus de tact qu'un homme pour démêler ces sentimens secrets, Adèle dut les voir facilement puisque je ne me tenais nullement sur mes gardes ; voilà sans doute la cause de ces confidences précipitées pour moi et pour d'autres, sans doute, mais qui ne l'étaient pas pour elle, puisque son frère les avait amenées insensiblement.

Oh ! Si j'avais pu lire dans sa pensée ! J'aurais été trop heureux ! Dieu fut assez bon pour l'empêcher de lire dans la mienne. Elle y aurait vu les combats que je soutenais contre les tendres impressions qu'elle m'avait données, et cela n'est pas toujours flatteur pour une femme, et une femme belle comme elle, et dans ses dispositions d'esprit. J'étais heureux de ce qu'on avait réitéré l'invitation, et je m'efforçais de me dire infidèle à celle des *Italiens,* il me semblait qu'une joie paisible ne me fût pas permise. Cependant je résolus de me rendre à Passy, et j'inscrivis le numéro sur mon agenda. Elle le vit, et je ne sais si la présomption, l'amour-propre m'aveugla, mais il me parut qu'elle était satisfaite. J'étais bien résolu de rester toujours fidèle à ma belle inconnue des *Italiens* et je me promettais bien de rester avec Adèle dans les bornes les plus circonscrites des devoirs de la galanterie la plus simple.

Savais-je donc à quoi je m'exposais ? Les avais-je regardés bien attentivement, ces yeux si tendres et si expressifs ? Je le croyais, mais quelle erreur ! Ai-je à m'en plaindre ? Non, certes, mon bonheur en est venu, et peut-être mon malheur. Que sais-je ?

La fin du spectacle arriva. Ici-bas il faut bien que toute chose finisse. Pourquoi aurais-je voulu qu'elle n'arrivâ(t) jamais ? Adèle se retourna vers son frère, et lui demanda quelle heure il était et si leur cabriolet était là. Il était onze heures et demie et le cabriolet était commandé pour onze heures. Le frère lui dit : « Restez un peu ici, la foule s'écoulera. Je vais descendre vite m'assurer s'il est là, et je reviendrai vous prendre. »

Je restai avec elle, et lui offris mon bras pour descendre lentement en attendant le retour du frère. Elle accepta et nous descendîmes seuls. J'étais heureux. Je l'avais à mon bras, et je ne sais pourquoi je ne voulais pas m'attacher à elle ; mais sa voix était si douce, ses manières enfantines et cependant si nobles, qu'elle m'intéressait malgré moi. Elle s'appuyait un peu sur mon bras. J'aurais pu mal penser d'elle ; pourquoi lui donnai-je une âme angélique ? Je ne sais.

Arrivés à la porte du théâtre, le frère fit avancer le cabriolet ; ils montèrent en me saluant, le domestique s'élança derrière et tout disparut à mes yeux.

Je ne sus bientôt plus si c'était un rêve ou une vérité. Resté sur la place de la Bourse, je considérai tout cela comme une apparition fantastique, suite du spectacle.

La voiture avait disparu comme enlevée par une baguette magique ; et moi, j'étais resté seul avec des idées si drôles que je me frottais les yeux, croyant dormir.

Je tâtais ce bras sur lequel cette femme que j'avais entendu nommer Adèle s'appuyait il n'y a qu'un instant.

Adèle !... C'est un nom fatal pour moi, un nom qui me fait souffrir ; pourquoi pensé-je à l'autre quand cet ange est là ! Est là qui m'attend ?

Mon Dieu, sa figure me semblait radieuse, ses yeux certainement me fascinaient ; assurément je suis dans mon lit et je me crois sur une place.

Ou bien encore je suis fou ! Ou si je ne suis pas fou, il le faut bien, je rêve !

Legrand ne doute pas très longtemps de la réalité et s'empresse d'aller admirer complaisamment à Passy les fleurs et les aquarelles de ce monsieur Nuñez. La première visite chez le frère d'Adèle date du 6 juillet 1835, un lundi, mais elle est absente lorsqu'il se présente. Peu importe car il reviendra et reconnaîtra enfin l'évidence cachée : Adèle est bel et bien l'inconnue des Italiens. Les visites se font plus longues et plus fréquentes à mesure que le temps passe. Legrand devient un familier chez Nuñez et il accompagne même souvent Adèle chez l'une de ses amies, la comtesse Antonia de Saulnois qui habite rue du Faubourg-Saint-Honoré, près de l'église Saint-Philippe-du-Roule. Les visites à Passy se font aussi en cachette du frère et en son absence, ce dont l'avertit le vieillissant mari d'Antonia. Ainsi mis au courant de la situation, Nuñez, qui a en tête les projets que nous savons pour sa sœur, décide de l'éloigner et après avoir vendu Passy l'emmène à Lyon. Legrand reste donc à se morfondre à Paris où il a tout le temps de « cristalliser », comme aurait écrit Stendhal. Il en est là au printemps de 1836, mais tout va bientôt changer comme Legrand le conte lui-même [1].

Quelle fut ma surprise quand je reçus, le 9 mai, une lettre timbrée de Paris, et d'une écriture que je ne connaissais pas, et, qu'en l'ouvrant, je vis que madame de Saulnois m'invitait à passer rue du Faubourg-Saint-Honoré, qu'elle avait quelque chose à me dire ! L'heure précise était 2 heures de l'après-midi. Ce qui m'étonna, ce fut que le numéro n'était pas celui de son hôtel. Je formai mille conjectures plus mal fondées les unes que les autres sur cette invitation, et pas une n'atteignit la vérité. J'avais reçu la lettre à midi, je n'eus pas de temps à perdre. En chemin je m'étonnai de plus en plus sur la démarche extraordinaire de madame de Saulnois ; je me creusai la tête pour rien.

Je ne manquai pas à l'heure dite, et la demandant chez le portier on m'indiqua une porte à deux battans sur la droite du premier pallier *(sic)* au-dessus de l'entresol. Je ne sais ce qui me passa par la tête, mais, en montant, mes idées, absorbées entièrement par ce qu'elle avait à me dire, se brouillèrent tellement avec mes souvenirs d'Adèle que je ne sus plus ni ce que je voulais ni où j'allais. En arrivant sur le pallier *(sic)* du premier, je frappai deux coups et ouvris de suite, passai rapidement un petit cabinet formant double porte et entrai dans une salle assez grande, je me jetai plutôt que je ne m'assis sur le canapé et restai anéanti. J'attendais que Antonia me parlât la première, et m'expliqua *(sic)* les raisons qui lui

---

1. N.A.F. 14531, p. 102 verso-106 verso.

fesaient (*sic*) faire cette démarche. Surpris de ne rien entendre, je levai les yeux sur l'appartement où je me trouvais.

Que devins-je en voyant mon amie devant moi, mon Adèle elle-même... Nous ne nous dîmes rien mais nous fûmes bientôt dans les bras l'un de l'autre ; et je compris alors ou crus comprendre ce que voulait mon amie. L'émotion était trop forte, et nous restâmes sur le canapé, immobiles, pendant je ne sais quel espace de temps. Antonia nous tira de cet anéantissement en entrant vivement et disant qu'elle ne comprenait pas mon retard. Elle fut aussi surprise que nous l'avions été nous-mêmes, en nous apercevant l'un près de l'autre. Elle avait voulu me préparer à revoir Adèle, mais ma distraction avait rompu ses mesures et avait amené l'émotion qu'elle aurait voulu prévenir. Il fallut bientôt nous séparer, l'heure du dîner approchait et le frère allait rentrer. Il ne devait pas nous voir ensemble, nous étions tous trois persuadés qu'il avait emmené sa sœur à l'hiver pour chercher à la détacher de moi. Hélas ! Dieu n'avait pas permis qu'un pareil malheur m'arrivât ! Je l'en remercie pour moi et pour elle !... N'anticipons pas sur les événements, je ne pourrais mettre assez de suite dans mes idées. J'ai été accablé de calamités faites pour donner la mort, et je vis, elle le veut, Dieu aussi, sans doute !...

Folie ! Amour ! Bonheur ! Tout m'est rendu ! Merci, mon Dieu ! Merci !

Je revins chez mon amie le surlendemain ; mais alors plus de larmes, une émotion douce avait remplacé les chagrins précédens, et le saisissement de la première entrevue. Cette fois j'entrai sciemment par la porte du milieu que j'avais prise la première fois pour la porte de droite. Adèle me chanta la ballade d'Obéron. J'aurais voulu parler de tout autre chose que de ce dont nous parlions. Mais comment lui parler de mon amour ?

Je ne l'osai pas. Et cependant on aurait dit que l'absence, au lieu d'affaiblir notre attachement, l'avait accru et y avait joint une tendre familiarité qui nous fit nous raconter toutes nos souffrances passées. Et ces confidences n'étaient-elles point un aveu ? Je me le dis et je me tus encore avec plus de courage, parce que je la respectais et que j'avais peur de la blesser.

Que ne puis-je me rappeler tout ce qu'elle me dit ce soir-là ? Son frère ne devait pas rentrer ce qui me fit penser qu'il avait encore ses affaires sérieuses qui le forçaient à courir et augmentaient ses inquiétudes. Il était bien malheureux sans doute, et je le plaignis de n'en pouvoir rien dire à sa sœur. J'estimai même son silence. Il aimait mieux souffrir que de souiller de pareilles choses la belle âme d'Adèle ! Et il savait bien qu'un tel ange savait bien consoler. Je ne pus lui en vouloir malgré son aversion pour mon amour et le refus certain que j'éprouverais en lui demandant la main d'Adèle. Je ne voulais pas croire que mon amie ne fût pas dans mon âme et je voulais que toutes mes pensées fussent dignes d'elle et de ce qu'elle attendait de moi.

Vers les neuf heures, je me levai pour lui dire adieu et j'osai l'appeler Adèle parce qu'elle venait de m'appeler Henry. Je parus lui faire peine, et j'allais lui en demander pardon, quand elle me prévint et me dit :

« Ne m'appelez plus par ce nom, il me semble aussi laid maintenant qu'il me semblait aussi doux auparavant dans votre bouche, quand vous me le donniez à Passy. Appelez-moi Juana, mon ami, c'est mon nom véritable, le nom de ma mère. L'autre est un nom qui a sans doute causé son éloignement pour moi ; je n'ose dire sa haine ; c'était celui de la mère de mon frère, comme je l'ai su à Lyon cet hiver. Vous ne m'appellerez plus que Juana, n'est-ce pas ? »

Voyant mon étonnement sur ce nom espagnol, elle me fit asseoir près d'elle et m'apprit que sa mère et son père étaient espagnols, que la mère seule de son frère était française et de Lyon. Elle avait cru jusqu'ici que je savais tout cela par son frère, et ne m'en avait pas parlé comme d'une chose indifférente. Il faut donc renoncer à ce nom d'Adèle qui lui fait tant de peine. A Passy, elle m'avait souvent parlé de sa mère, mais elle se plaignait seulement de ses froideurs pour elle, et n'avait jamais eu occasion de me dire quel était son pays. C'était de reste fort indifférent pour notre amitié. Nous nous aimions tout autant sans cela.

Je sais donc à présent qu'elle est espagnole ; je sais que son père était aide de camp de Palafox qui soutint le siège de Sarragosse contre les Français. Je sais qu'elle est née à Tolède et que sa mère était de Valence [1]. Je t'ai aimée sans cela, mon amie, je t'ai aimée et estimée sans te connaître que par toi-même. Je ne t'en aime pas moins, ni ne t'en

---

1. Malgré ces renseignements, et ceux que nous citerons plus bas, l'identité de cette femme reste énigmatique.

estime pas plus maintenant. Que me fait la noblesse de ta famille ? Puisque ton âme était si noble qu'elle t'aurait ennoblie dans la condition la plus basse. Que me fait le titre de comte qu'a porté ton père ? Tu le dédaignes toi-même, et je ne puis t'en blâmer ; tant de femmes déshonore(nt) ce titre ! On n'est estimable que par soi. Tu es fière d'être Castillane de Tolède, la noble ville par excellence, comme tu dis ; tu as raison ; si les femmes de cette province te ressemblent pour la plupart, on doit envier le sort des maris qui les possèdent. Et moi, je ne sais si je te posséderai ! Tu m'aimes pourtant, je le crois, et il me serait trop cruel d'en douter, je ne le veux pas. Comment le sommeil aurait-il pu me visiter cette nuit ? Je ne pensai qu'à elle ! Qu'à ma belle et noble Espagnole !

Comme l'Espagne me sembla belle alors !... C'était la patrie de ma belle Juana, de ma belle amie !... Il faut étouffer en moi ce germe de fierté d'avoir été aimé par une noble Espagnole ! Cette pensée secrète ne me convient pas, et elle n'en serait pas contente si elle lit dans ma pensée ; et je veux le croire, car cela m'empêchera d'avoir des idées mauvaises ; en voyant que je cherche avec ardeur de me défaire de ces idées de noblesse et de fortune, elle m'en saura gré, et elle-même, prenant pitié de ma peine, m'encouragera dans mes efforts. Je dois l'aimer et l'estimer d'une manière digne d'elle, pour elle, pour sa beauté, et plus encore pour ses vertus ; c'est là véritablement ce qui l'élève au-dessus des autres femmes.

J'y retournai plusieurs fois encore. Et quel bonheur j'éprouvais à entendre sa voix devenue pour moi douce comme la voix d'une promise parlant à son fiancé ! Dans ces momens de bonheur, nous étions seuls, ou, quand un tiers s'y trouvait, c'était la seule Antonia, son amie si devouée ! Et encore ne restait-elle pas longtemps. Le secret même dont j'étais forcé de m'envelopper avait un charme pour nous ; il nous semblait que tout le reste du monde devrait être jaloux de notre amour s'il venait à le connaître, et que cette crainte nous obligeait à nous cacher à lui.

Madame de Saulnois pensait que mes visites à Juana pendant le voyage de son frère étaient la seule cause de la route qu'elle avait faite pendant l'hiver passé ; elle nous disait que sûrement il l'aurait laissée chez elle à Paris puisqu'il était facile de prévoir qu'il serait obligé de revenir pour un peu de temps si ce n'était pour toujours ; car il voulait absolument quitter à jamais Paris et peut-être aussi même la France.

Antonia se tut devant Juana sur les raisons secrètes qui causaient les chagrins et les voyages de son frère, et je l'en estimai davantage, voyant en cela la preuve du respect qu'elle avait pour l'innocence de cette ange qu'un pareil secret aurait étonnée.

Comme nos épanchemens étaient doux, dans ces momens d'entretiens secrets que nous dérobions à la connaissance du frère ! C'était toujours dans l'appartement de ma belle amie que nous nous réunissions ; là, la surprise du frère était moins à craindre pour nous ; il entrait rarement dans ce salon où était son piano, et, où elle travaillait seule presque toute la journée ; il respectait la douleur qui l'avait saisie depuis son départ de

65

Paris et ne la voyait presque qu'aux heures des repas ; et d'ailleurs il était facile de me réfugier dans sa chambre à coucher où il n'entrait jamais, et où il n'entrait qu'elle et la bonne Julie, qui était revenue avec elle ; et aussi Antonia. Il n'y avait pas à craindre que Julie nous trahît ; elle aimait trop sa maîtresse et savait que je l'aimais sincèrement puisque j'avais su la respecter jusqu'ici malgré nos tête-à-tête si fréquens, et son amour qu'elle ne me cachait pas. Elle ne me l'avait pas avoué, je ne lui avais rien dit non plus, tout se cachait sous le voile de l'amitié ; mais quelle amitié ! Comme elle était tendre ! Nos entretiens roulaient constamment sur le bonheur que deux époux qui s'aiment doivent goûter en ménage ! Et nous n'osions nous dire quels étaient pour nous ces deux époux !

« Sûr(s) de n'être jamais séparés que par la mort, ils ont encore, ajoutait-elle, le bonheur d'avoir de petits enfans qui deviennent l'espoir et la consolation de celui qui reste sur la terre, l'image vivante, une partie de celui qui est monté au ciel. Ces enfans le forcent à vivre encore pour eux en les voyant jouer dans ses bras, et les couvrir de caresses, il se rappelle l'autre moitié de lui-même et ce souvenir fait couler des larmes douces et non point amères comme s'il restait isolé dans cette terre d'exil, privé de sa compagne. »

Toujours les idées de mon amie prenaient cette teinte de tristesse amoureuse, et des pensées religieuses venaient mêler à ces regrets anticipés leur baume céleste et consolateur !

Confrontés à cette ambiguïté amoureuse dont Legrand semble se délecter, nous pourrions penser, sinon espérer, que ce qui n'est encore qu'amour platonique ne résistera pas longtemps aux circonstances. Mais pas du tout ; avant de prendre des dimensions qui sembleraient aujourd'hui plus réelles, les choses s'éternisent insupportablement dans l'équivoque et l'ambivalence. Pris entre la poussée violente du désir et sa répression provisoire au nom du respect et de l'estime, Legrand reste entièrement captif de la mentalité romantique [1].

Cette soirée fut pour nous une des plus heureuses. J'étais digne d'elle et j'en remerciai Dieu. J'étais assis sur sa causeuse, près d'elle. Comme dans les derniers jours de l'année dernière, j'avais mes mains dans les siennes et, quand nous ne parlions pas, nous nous regardions ; et ces regards si doux nous rendaient heureux ! Qui peut pénétrer l'avenir ? Qui nous aurait pu dire que cette nuit qui nous semblait la plus belle de notre vie amènerait et tant de biens et tant de maux ? La somme des biens doit-elle surpasser l'autre ? Je ne pensais alors qu'à elle, et pouvais-je penser à autre chose ? Elle était là.

Dans une telle situation, tranquilles comme nous l'étions par l'absence du frère, il devait nous sembler bien cruel de nous séparer ! Aussi cette idée ne me vint-elle que plus tard, quand je vis que les yeux de mon amie s'apesantissaient et qu'elle se laissait aller quelquefois sur mon épaule.

---

1. N.A.F. 14531, p. 120 recto-131 recto.

Alors mes yeux pouvaient plonger d'en haut sur sa belle tête, sur ses yeux à demi fermés qui cherchaient encore à me donner un dernier regard. J'aurais pu, sans qu'elle s'en aperçut, écarter un peu sa mantille, et dévorer des yeux les trésors de son sein vierge ; je ne le voulus pas. Je regardais seulement ses belles épaules nues et blanches comme la neige qui tombe des cieux. Mais, je craignais bientôt que, confiant dans sa bonté dont elle venait de me donner une si belle preuve, je ne pusse résister à tant d'innocence et de beauté ; je m'étais instruit par la dernière soirée, et je ne voulus pas m'oublier encore celle-ci *(sic)*.

Je la réveillai peu à peu de son assoupissement et lui dis :

« Il faut nous séparer. Je suis trop votre ami pour que ma présence ici vous nuise par ma faute. Je suis trop heureux puisque je vous quitte avec le pardon que j'attendais. Combien de remercie-mens ne devrai-je pas à Dieu qui vous a inspiré assez de bonté pour prier chaque jour de mon absence pour un malheureux coupable qui ne le méritait pas. Adieu pour ce soir ; adieu, mon amie, adieu. »

Elle se souleva un peu, m'adressa un regard d'ange à faire mourir de bonheur, puis, me prenant la main, elle me dit :

« Vous reviendrez, n'est-ce pas ? Je ne peux pas m'accoutumer à l'idée d'une séparation ! Je ne sais si je fais bien de vous dire ce que je dis, mais il me semble que vous n'interpréterez pas mal mes paroles. (Vous) savez que notre amitié, à présent, c'est ma vie, à moi !... Et cette amitié m'est devenue d'autant plus chère qu'elle a rencontré plus d'obstacles et m'a causé plus de souffrances. Revenez, je vous en prie.

— Je reviendrai...

— Oui, et agissez avec prudence ici, que vos visites soient toujours cachées à mon frère jusqu'à ce que nous puissions lui parler. Dieu, sans doute, rapprochera ce terme désirable. Vous savez qu'Antonia veut que nous nous cachions encore à mon frère.

— Dieu entendra nos prières.

— Je l'espère ; et j'espère aussi que vous serez toujours avec moi comme vous avez été jusqu'ici... comme mon seul ami... comme mon second frère... n'est-ce pas, mon ami ? Vous ne me baiserez plus la main sans me le demander ... n'est-ce pas ? Vous m'avez dit vous-même que ce n'était pas bien... Vous ne voudriez pas me tromper et me faire ce qui n'est pas bien... Et moi je serai toujours votre amie. Adieu, mon ami. Vous avez raison de m'avoir rappelé que vous ne pouvez pas rester ici... comme à Passy... Je vous en remercie. Mais ne manquez pas de revenir demain, j'espère que je pourrai vous voir... J'étais si malheureuse ces huit jours derniers ; il faut par vos assiduités me faire oublier mes peines passées... Adieu, mon ami, adieu ! »

Nous nous levâmes, je pris mon chapeau, elle s'appuya sur mon bras et prit la bougie pour me conduire ; j'allais sortir. Tout d'un coup, la pendule sonna un coup. Nous regardâmes, c'était minuit et demi... Quel mouvement subit succéda à la nonchalance que le bonheur avait répandue jusqu'alors sur toutes nos actions et nos paroles.

« Ah ! Mon Dieu ! Il est temps que je rentre.

69

Et le pourrai-je ? Et vous, mon amie !... Mon Dieu, comment sortir d'ici ?

— Arrêtez... Il ne faut pas sortir ! Restez... Saurait-on dans la maison pourquoi vous sortez si tard ?... Demain... on ne s'en apercevra pas... dans la journée.

— Je resterai donc ?...

— Il le faut... Oui !... Mon Dieu, ce n'est pas ici comme à Passy ; vous ne pouvez pas prendre le lit de mon frère !... Il pourrait entrer demain matin, et il n'y a aucune communication entre son appartement et le mien... que par l'escalier... et s'il vous voyait, il nous séparerait encore... Quel malheur !... Restez ici, il faut qu'il ne sache rien !...

— Vous le voulez ?...

— Ne le faut-il pas ? »

Elle me regarda, comme pour interroger mes yeux, je la voyais comme un ange devant moi ; quand elle m'eut regardé, elle se rassura et ferma sa porte.

« Il faudra que vous passiez la nuit sur mon canapé... La nuit est déjà fraîche, et va le devenir davantage à mesure que le jour se rapprochera ; vous aurez peut-être froid ?...

— Non, ne craignez rien.

— Vous serez bien fatigué demain...

— Je me reposerai en causant avec vous.

— Il est bien dommage que Julie ne puisse descendre à cette heure pour vous dresser un lit dans cette salle.

— Gardez-vous bien de la sonner, on le verrait demain, il en resterait toujours quelque marque, il ne le faut pas... Je n'y pourrais pas consentir. Autant vaudrait alors m'en aller à présent...

— C'est que vous serez bien mal là-dessus.

— Vous vous trompez, ici je serai mieux que dans mon lit.

— Eh bien, tenez, prenez ce foulard pour vous serrer la tête ; ôtez vos bottes et mettez vos pieds dans mes pantoufles. »

Elle me le(s) chaussa elle-même ; mais son pied était si petit ! Et le mien si grand !

« Je vais aller me coucher dans mon lit !... Ce n'est peut-être pas bien que vous couchiez ainsi près de ma chambre, mais il le faut bien... Vous n'aurez pas de mauvaises idées contre moi... Vous voyez bien qu'il le faut... et d'ailleurs ne puis-je pas avoir toute confiance en vous, mon ami ?...

— Oui, mon amie !... Votre confiance ne sera pas trompée !...

— Je laisserai la porte ouverte, je pourrai savoir si vous avez froid et nous causerons si vous ne dormez pas.

— Mais il faut dormir, vous...

— Je ne veux pas dormir si vous ne dormez pas... Cependant je sens bien que mes pauvres yeux ont besoin de sommeil.

— Dormez... Je tâcherai de dormir aussi...

— Vous serez si mal couché !

— Ne dormez-vous pas là tous les jours en fesant (*sic*) votre sieste ; ne suis-je pas trop heureux de dormir à la même place que vous, mon amie ? »

Elle me donna une grande douillette fourrée à elle ; je me couchai sur le canapé et elle m'enveloppa elle-même en me demandant si j'étais bien.

71

Le chat se mit sur le carreau où elle avait mis ses pieds. Elle me dit en souriant que j'avais pris sa place. Je voyais ses jolis pieds si blancs se poser nus sur les tapis qui fesaient *(sic)* ressortir leur blancheur ; j'avais ses pantouffles *(sic)*, moi !

« Demain, sans doute, les domestiques croiront qu'ils ne vous ont pas vu sortir.

— Soyez tranquille, mon amie, je ferai tout pour qu'on ne sache rien. Demain nous pourrons nous concerter ; car il ne faudra pas sortir de trop bonne heure.

— Oh ! Non, vous déjeunerez avec moi. »

Elle prit la bougie, laissa la lampe et passa dans sa chambre dont elle laissa la porte ouverte. Je la suivis des yeux, elle se déshabilla. Je vis la silhouette de ses bras sur la porte quand elle se décoiffa ou passa son peignoir blanc ; elle vint à la porte, allongea la tête, pendant que sa main relevait un peu le peignoir sur son sein, elle me demanda si j'avais froid dans sa douillette ; je lui répondis par un signe, car je ne pus parler. Elle était si belle ainsi ! Ses longs cheveux noirs pendaient sur son peignoir blanc ; toutes mes facultés restèrent anéanties, je restai longtemps dans la position où je me trouvais, fixant sa porte, comme si je pouvais y voir son image. Enfin, j'entendis le craquement du lit quand elle s'y posa. Comme mon cœur battait ! Elle éteignit sa bougie ; sa voix douce étouffée me dit : « Bonsoir. » — « Adieu ! »

Dieu ! Aurais-je jamais osé espérer un tel bonheur ! Elle était là près de moi ! Cette porte me séparait d'elle ! Et cette porte était ouverte ! Elle était là dans son lit, sans autre défense que sa confiance en moi ! Bel ange !...

Je m'étendis sur le canapé, la figure dans mes mains, et je pensai à elle. Quels combats ! Il fallait du courage ! Dieu m'en donna. Un peu après, la fraîcheur de la nuit tomba sur moi ; j'eus froid. Elle m'avait dit de laisser brûler la lampe, elle brûlait. Une sorte d'étourdissement s'empara de mon corps ; j'entendais, mais ce que j'entendais me semblait comme un rêve et je ne pouvais guère, en cet état, apprécier les sensations que j'éprouvais. Je ne savais pas.

Il me parut qu'elle remuait dans son lit ; je voulais lever la tête et ouvrir les yeux, je n'en eus pas la force, je restai comme j'étais. Cependant je croyais avoir senti passer quelque chose près de moi ; j'entendais la respiration de quelqu'un ; je pensai à elle et je frissonnai... Etait-ce d'amour ?

« Dormez-vous déjà, me dit-elle d'une voix faible et presque tremblante ? »

Je levai la tête. Elle était debout près de moi, toute blanche comme on représente les anges... ou les morts... Une longue robe blanche était par-dessus sa chemise, elle la relevait sur son sein de la main gauche et de la droite elle cherchait à prendre ma main ; ses longs cheveux noirs s'échappaient de dessous son bonnet noir et flottaient sur ses épaules nues. Elle saisit ma main glacée.

« Mon Dieu, vous avez bien froid ! me dit-elle, il n'y a pas moyen de faire du feu... Je n'ai plus rien à vous donner pour vous couvrir... Vous pourriez être malade... Ecoutez-moi, j'ai pris une résolution bien audacieuse !... mon ami !... Mais puisque vous êtes mon ami... que vous m'avez déjà donné tant de preuves de votre amitié... de votre respect pour moi, ... je ne crains rien... Si c'était mal, vous me le diriez... s'il y avait à faire du mal, vous ne le feriez pas... Vous allez venir coucher avec moi... »

Je relevai vivement la tête. Elle continua :

« Mais il faut me promettre sur notre amitié... de ne pas me donner la moindre caresse, de ne pas me baiser la main comme l'autre soir... Vous me le promettez, n'est-ce pas ?... Venez. »

Elle emporta la lampe dans sa chambre, je la suivis ; elle ferma la porte. Je ne disais rien, je marchais comme un automate, je ne sais pas seulement si je pensais. Je croyais rêver. Je ne pouvais prononcer une parole. Je me déshabillai en silence ; j'étais gelé et ne le sentais pas. J'étais absorbé tout entier dans mes pensées.

Elle s'était recouchée, la belle enfant ! Elle avait défait sa robe blanche. Elle m'ouvrit elle-même son lit. J'osai la regarder ; elle s'était arrangée dans sa chemise de manière qu'on voyait à peine son cou ; sa chemise moulait son sein, on voyait s'agiter ses deux boutons de mammelles ; elle était couchée sur le côté et pourtant son beau sein virginal était ferme. Elle me couvrit de la robe qu'elle venait de quitter. Une douce chaleur se répandit par tous mes membres.

« Enveloppez-vous là-dedans, dit-elle, et approchez-vous de moi. Vous avez bien froid ! Cette robe vous réchauffera, et quand vous le serez, vous la quitterez si elle vous gêne. »

Il était petit, son lit, il fallait bien m'approcher d'elle si je ne voulais tomber ! J'allais souffler la lampe, elle me dit de la laisser brûler jusqu'au matin, et je la baissai comme une veilleuse.

« Vous êtes mieux ici, n'est-ce pas, mon ami ?... Vous n'aurez plus froid, voyez-vous. Comme vos mains sont gelées... donnez-les-moi que je les réchauffe dans les miennes. Tenez... Placez-vous ainsi... Là... Etes-vous bien ? Vous avez moins froid déjà !... Que j'ai bien fait de vous aller chercher !... Vous seriez mort de froid que vous ne vous seriez pas plaint. »

Elle se mit sur mon bras droit et sur ma jambe droite ; son sein touchait ma poitrine, sa tête reposait sur mon épaule, elle croisait ses bras sur ma poitrine et puis me regarda en souriant comme un enfant. Elle était contente.

« Adieu !... Mon ami... Vous dormirez mieux... Prions Dieu de nous protéger et dormons bien. »

Elle pria comme doivent prier les anges ! Je m'unis à elle et sentis un courage surnaturel couler dans son âme... Ce n'était pas une femme, c'était un ange que j'avais dans mes bras et je la priais aussi.

« Nous sommes bien, ajouta-t-elle, je suis sûre que je vais dormir comme un pauvre. Ils dorment bien, les pauvres ! »

Elle s'arrangea bien dans mes bras, ferma les yeux et s'endormit. En effet, je m'en aperçus à la régularité des battements de son cœur et de sa respiration. Qu'elle était belle !

Je ne dormis pas, moi ; le pouvais-je ? Hélas ! Mon Dieu ! Vous auriez dû m'accorder le sommeil ; j'aurais moins souffert ! Combien de fois je réprimai des désirs immodérés de déposer un baiser sur ce front si pur qui était là si près de ma bouche !

Combien de fois je m'approchai, puis me reculai loin, de ces longs cils noirs qui formaient deux croissans sur ses joues pâles et diaphanes ; de ces lèvres presque entr'ouvertes qui souriaient et semblaient appeler ma bouche près d'elles ! Elle rêvait sans doute de bonheur ! Elle rêvait de moi peut-être !

Je sentis bientôt sa respiration devenir plus pressée ; elle fit quelques petits mouvemens ; ses mains qui, jusque-là, étaient restées sur sa poitrine se réunirent sur son cœur. Elle les ôta ensuite, et ce mouvement défit la coulisse de sa gorgerette et découvrit son sein presque tout entier. Je ne le vis pas, le drap le couvrait, mais je le sentis. Je n'avais pas bougé, j'étais, pour ainsi dire, inanimé, et mon âme était tout à fait passée en elle. Je sentis ses jambes frémir dans les miennes ; elle parla ; mais c'étaient des paroles inintelligibles ; elle prononça ensuite distinctement quelques mots espagnols, parmi lesquels j'entendis Enrigo ! C'était mon nom !... Oh ! Du courage ! Mon Dieu ! Du courage !... Je me contins. J'attendis qu'elle se reveillât un peu.

C'est dans ce moment seul que je m'étais souvenu de son sexe. Jusque-là je la dévorais des yeux comme un ange du ciel qui veillait sur moi. Je la révérais comme ces habitants des cieux. Et voyant sa belle figure, je ne pouvais croire que cette beauté idéale fût de chair et d'os comme moi, et sujette aux infirmités de l'espèce humaine. D'ailleurs, je n'y pensais pas, elle était dans mes bras et je ne la sentais pas ; mon corps n'existait plus, je ne la sentais pas ; je la voyais comme j'aurais vu un tableau ou un songe, et la clarté douteuse de la lampe à laquelle je tournais le dos favorisait encore cette illusion. Tout ce qui m'entourait me semblait un songe, et je ne faisais aucun effort pour savoir la vérité ; j'étais tout âme ! Et je l'aimais... Ah !... Merci, mon Dieu, vous m'aviez exaucé. Mes prières étaient montées jusqu'à lui et il avait fait dormir mon corps, mais mon âme veillait... Mais quel sommeil fatigant !... Elle s'étendit et fit un petit mouvement d'effroi en me sentant près d'elle, mais sans doute qu'elle se souvint de tout car elle se rassura. Elles frotta les yeux et me dit :

« Quelle heure est-il ? Le jour est-il loin encore ?... J'ai bien dormi ! »

Il était quatre heures, le jour allait bientôt paraître.

« Avez-vous bien dormi ? me dit-elle.

— Non ! Le puis-je ?...

— Pourquoi non ? J'ai bien dormi moi ! Je vais dormir encore, car j'ai mal aux yeux... Tâchez de dormir aussi ! »

Elle me fit ôter sa robe blanche, car nous avions trop chaud. En la retirant je découvris involontairement ses cuisses et sa hanche droite jusqu'aux reins, car je sentis sa chair. Elle s'était replacée et, assoupie déjà, elle ne s'en aperçut pas. Elle remit ses jambes dans les miennes, passa cette fois ses bras autour de mon cou, je passai le bras gauche autour de sa taille. Je sentais son sein découvert sur le mien ; je m'arrangeai de manière qu'elle ne touchât pas mon ventre et ne sentît pas que je savais alors qu'elle était femme.

77

Elle s'endormit légèrement dans cette position voluptueuse... Comme je souffrais ! Qu'il fallait de courage ! Mon Dieu ! Sa bouche était appliquée sur mon cou, je sentais son haleine ; je sentais ses cils frôler mes joues à chaque mouvement de ses yeux ; son sein droit touchait ma poitrine nu à nu, et, à chaque soupir, sa mammelle me touchait délicieusement avec un chatouillement voluptueux à faire pâmer d'amour !... Je sentais même sur mes cuisses le chatouillement délirant de ce que je n'ai jamais vu en elle. Et dites-moi maintenant, quand je me disais : Cette femme si belle, si aimante, si pure !... Cette femme m'aime !... Elle est dans mes bras comme un enfant dans les bras de sa mère... cette femme... cet ange... Si je voulais !... Mais je ne veux pas !... Je ne veux pas la couvrir de baisers... Je ne le veux pas... L'honneur de tous deux me retient ; dites-moi si ce n'était pas à en devenir fou ? Dites...

La lampe s'éteignit à l'aurore et je ne la vis presque plus, parce que les rideaux interceptaient le jour. Il était cinq heures et demie du matin, quand elle s'agita dans mes bras. En s'étendant ainsi, son ventre et son sein s'appliquèrent sur mon corps et j'avançai la bouche pour l'embrasser... Mais je m'arrêtai par réflexion. Par un baiser, je peux la perdre... et je l'aime !...

Elle se réveilla tout à fait, s'essuya les yeux d'une main et laissa l'autre sous ma tête et sur mon épaule ; puis elle remit le drap autour de mon cou qu'elle avait découvert dans ce mouvement. Ses yeux rencontrèrent les miens qui la fixaient et se remplissaient de larmes.

« Bonjour, lui dis-je, vous avez bien dormi ?

— Oh ! Oui ! Et vous, vous avez pleuré, méchant ami ! »

Elle m'essuya les yeux avec sa gorgerette et ce mouvement découvrit son ventre.

« N'êtes-vous pas content ?... N'avez-vous pas été mieux dans mon petit lit ?... Dites... Vous avez chaud, vous auriez froid... Ne suis-je pas votre amie... Là... Dans vos bras ?... Et puis vous avez été fidèle à vos promesses.

— Ah ! Oui, mais c'est bien difficile !

— Pourquoi ?... Vous êtes un méchant, mon ami ; si vous aviez dormi, vous n'auriez pas pleuré... J'ai dormi et je n'ai pas de larmes et je ne suis pas brisée comme vous. Pourquoi avez-vous pleuré ?... Vous n'avez pas raison... Est-ce que vous doutez de mon amitié ?... Et vous êtes dans mon lit, et pour avoir ainsi confiance en vous, ne faut-il pas vous aimer ?... Vous êtes mon ami aussi, vous ?...

— Maintenant plus que jamais. »

Je baissai le bras qui entourait sa taille et ce mouvement lui découvrit l'épaule et le sein qu'elle avait recouvert en m'essuyant les yeux.

« Quelle heure est-il ? Le jour devient grand. »

Je ne pouvais pas bouger, elle se souleva sur le bras gauche et prit par-dessus moi la montre sur la table de nuit. Je vis son sein nu, blanc et ferme comme le sein d'une vierge de marbre ; ses cuisses que je sentais étaient fermes aussi... Et j'aurais eu des soupçons ?... J'en aurais eu, qu'ils se seraient évanouis ; j'aurais pu voir plus loin, mais il ne faisait pas assez clair dans le lit, je ne vis que son sein parce qu'il était à moitié hors du lit et que son mouvement me mit la tête entre sa gorgerette

79

et son sein. En m'avançant un peu, je pouvais baiser ce sein voluptueux, mais je ne le fis pas ; et cependant ses deux boutons roses et palpitants appelaient mes lèvres brûlantes ! Je ne le fis pas.

« Il est six heures précises, me dit-elle... déjà ! »

Elle remit son bras autour de mon cou et mira ses yeux dans les miens.

« Je ne savais pas qu'on fût si bien dans les bras de son ami... Quand nous étions le soir ensemble sur ma causeuse, nous n'étions pas si bien. Comme cela il me semble que je n'ai plus rien à craindre, que mon ami me protège, puisque je suis dans ses bras... Il faudrait que nous puissions rester toujours ainsi... Mais cela n'est pas possible... Il faudra nous quitter tout à l'heure... Mon frère !... Je ne conçois pas Antonia et vous... je vous demande si nous fesons *(sic)* du mal... Non, pas plus que dans nos soirées... Et pourtant les autres croiraient qu'il y en a, peut-être parce qu'ils en font. Nous allons bientôt nous lever... Et puis nous déjeunerons... C'est dommage de se lever... Je suis si bien ainsi ! Voyez-vous comme nous sommes bien pour causer ? »

Elle s'arrangeait près de moi, passant sa cuisse entre les miennes et mettant sa tête sur mon sein comme une enfant. Elle ferma un instant ses beaux yeux noirs.

« Je dors... C'est comme cela que j'ai été toute la nuit, n'est-ce pas ?...

— J'ai été bien sage, n'est-ce pas ?

— Oh ! Oui... si vous m'aviez donné un baiser sur (la) main, comme l'autre soir, méchant... je l'aurais bien senti... car je dormais... c'est vrai... mais il me semble que j'aurais senti le moindre de vos mouvemens et me serais éveillée en sursaut. Avez-vous bougé un peu ?

— Pas du tout.

— Vous deviez être mal à l'aise ?

— Non, vous étiez dans mes bras... Et puis j'étais comme engourdi... Si vous fesiez *(sic)* un petit mouvement, je le suivais et en profitais pour me remettre comme je voulais.

— Comme vous êtes bon !... De peur de troubler mon sommeil... le sommeil de votre amie !... Mon âme, je crois, veillait pendant mon sommeil.

— Vous savez que je vous aime bien, n'est-ce pas ? Je ne vous ai pas donné la moindre caresse !

— Oh ! Merci !... Mon ami !... Merci ! Je vous aime bien aussi, moi.

— Vous êtes un ange !... Et je vous aime bien !

— Oui, mon ami, et j'en suis bien heureuse !

— Vous ne me récompenserez pas par une petite caresse ?

— Vous êtes un méchant... mon ami !... Car mon sommeil dans vos bras a dû vous paraître une caresse et un remerciement continuel.

— Oui ! Oui !... Mais, mon Dieu, seulement un baiser comme au jour de l'an. Un seul baiser sur votre bouche !...

— Oh !... Non !... »

Elle se cacha la tête dans mon cou, en s'appuyant sur moi, son teint s'animait.

« Eh bien, sur votre front !... Sur votre main, pourvu que ce soit un baiser de votre aveu, je serai trop content !... Ce sera ma récompense !

— Comme vous êtes méchant !... Vous savez bien qu'en me le demandant comme cela, je ne pourrai pas le refuser.

81

— Ce serait si cruel de ne pas avoir eu seulement un petit baiser pendant toute une nuit passée dans vos bras... Un tout petit baiser ! »

Elle releva ses yeux ; ses cils étaient humides... Elle me regarda avec amour... J'espérai... Elle me dit alors :

« Je ne conçois rien à ce que j'éprouve en ce moment... Je crains... pourtant... C'est vous, mon ami, qui êtes là... Je me rassure en vous regardant... C'est singulier !... C'est sans doute parce que nous sommes dans mon petit lit... Ecoutez, je veux bien vous donner un baiser comme au jour de l'an... Mais je veux vous le donner moí-même... afin que vous sachiez bien que c'est de mon plein gré.

— C'est plus de bonheur que je n'espérais !...

— Je ne veux pas après pouvoir vous faire le moindre reproche. »

Elle m'attira près d'elle. Mon cœur battait à briser ma poitrine, je sentis le sien bondir. Ses mammelles étaient gonflées ; son ventre se sentait tressaillir ; elle me serra convulsivement sur elle et ses lèvres brûlantes s'appliquèrent sur les miennes. Mon Dieu, ayez pitié de nous ! Je mourais... J'inondais son visage de mes larmes d'amour et de bonheur. Qu'il fut long ce baiser unique ! Savions-nous ce que nous fesions *(sic)* ? Ses cuisses caressantes pressèrent les miennes, son sein nu battit sous le mien... Ses bras tremblans et convulsifs ne me quittèrent plus... Sa bouche resta collée à la mienne... Ses yeux et les miens se fermèrent de bonheur !... Mon Dieu ! Ayez pitié de nous !... Je lui rendis ses caresses !... Savions-nous ce que nous fesions *(sic)* ? Nous étions tous deux au ciel !... Que cet(te) extase dura longtemps !... Elle était pâmée entre mes bras ! J'étais en délire !... Furieux !... Elle ! La pauvre ange ! Elle !... Mon Dieu ! Mon Dieu ! Elle se raidit sous moi, jeta un cri étouffé ! Et resta évanouie !...

Mon Dieu ! Mon Dieu ! M'avez-vous abandonné ? Mon Dieu ! Mon Dieu ! Ayez pitié de nous !... Juana ! Ange du ciel !... Juana ! Ma belle amie ! Pardon ! Pardon ! Juana ! Si belle ! Si belle ! Pardon ! Et confirmez-le ! O Dieu ! Ah !

Je me réveillai... Elle était là sans mouvement entre mes bras... Je mis ma main sur son cœur... Il battait à peine... Je fus effrayé... Pauvre amie !... Je voulus aller chercher quelque chose pour la faire revenir... Je me voyais le cherchant, le prenant, le lui faisant respirer... Mais je ne bougeais pas... Je ne le pouvais... Je l'adorais !... Oui, mon Dieu ! Je l'adorais... Qu'elle était belle ainsi brisée par l'amour !... Dans mes bras !... Mon Dieu, est-ce un rêve !... Si c'est un rêve, qu'il ne finisse pas !... Le réveil serait trop cruel !... Pardon ! Ma belle amie !

Je ne sais combien de temps elle resta ainsi... Je sentis enfin sa respiration revenir ; je la serrai dans mes bras. Je la couvris de baisers. A peine revint-elle à elle, qu'elle leva ses yeux languissans sur moi... et, me voyant confus et baigné de pleurs, elle se cacha dans mon sein et se mit à pleurer longtemps sans relever la tête.

Ses cheveux étaient en désordre... Elle était presque entièrement nue ; en sueur, abattue par l'amour et le plaisir... Etait-ce du plaisir ?... Mon Dieu !... Mes caresses la rappelèrent à elle.

« Qu'avons-nous fait ?

— Mon amie !...

— Suis-je coupable ?... Mon Dieu !...

— Moi seul ! Je le suis !...

— Que fesais-je (sic) donc !... Avais-je ma tête !...

— Dieu nous a abandonnés au moment où nous allions nous séparer sans crime !...

— En est-ce un ?

— Pour moi !...

— Pour toi !... Mon ange !... Oh !

— Tu me méprises ?...

— Moi ! Non !... C'est ma faute !... Toi ! Peut-être !... Tu me méprises ?

— Te mépriser !... Je t'adore !...

— Est-ce mal ce que nous avons fait ?... Tu pleures ?... C'est donc un crime !... Mon Dieu ! Pardonnez-nous !

— Ange !... C'en serait un si je t'abandonnais !... si je te méprisais... Mais je t'aime !... Mais je te respecte comme une sainte !... Car tu es une sainte, vois-tu... Mais je ne t'abandonnerai jamais... Jamais !... Toujours près de toi !... Tu ne me renverras plus, n'est-ce pas ?

— Dis-moi, mon ami !... Antonia ou le monde ne me mépriseraient-ils pas s'ils savaient !... Et mon frère !... Mon Dieu !... C'est bien mal !... Mon pauvre frère !... Savais-je, moi ?... C'est peut-être le déshonneur d'une femme, dis ?

— Que te fait le monde ?... Le saura-t-il ?... Tu es à moi, tu m'aimes ? Tu n'es pas déshonorée à mes yeux !... Tu t'es élevée aux yeux de Dieu, aux yeux de ton ami... Tu étais une vierge angélique ! Tu es maintenant une femme adorée !... »

Elle écoutait à peine ; elle dit d'un air égaré :

« Je suis donc déshonorée !... Oh ! Non je ne suis pas déshonorée à tes yeux !... Cela ne se peut pas ; aime toujours ta Juana, car elle n'a que toi au monde... Sa vie est en toi !... Mon Dieu ! Que je désirais te dire que je t'aime.

— Tu m'aimeras toujours, toi ?... Mon ange !...

— Hélas ! Est-il possible que je cesse de t'aimer ?... Si tu savais comme je t'aime !... Sais-tu que je vois en toi un ange venu pour mon bonheur ?... Sais-tu que tu ne m'aurais jamais caressée, que je t'aurais aimé tout de même ?... Sais-tu que mon bonheur c'est d'être ainsi dans tes bras... Immobile... Te regardant... Te sentant à moi, sûre que tu m'aimes aussi certainement que je vis à cette heure... C'est mon bonheur, cela ! Ce plaisir mêlé de douleur que je ne connaissais pas et que tu m'as fait goûter, c'est du plaisir, c'est le bonheur du corps !... Hélas ! Je ne sais pas comment dire ce que je pense... mais comprends-tu comment je t'aime ? Dis !...

— Mon Dieu ! Mon Dieu !... Je ne pourrai donc jamais m'acquitter envers vous !... Oui !... Je t'ai compris, mon ange !... Tu es belle ! Tu es bonne ! Tu m'aimes ! Ce n'est pas assez encore !... Tu m'aimes de l'âme !... Tu m'aimes comme je t'aime !... Nous nous aimons comme nous aimons Dieu ! Comme se doivent aimer les anges !... Est-ce assez de bonheur ?... Dis !

— Je ne m'étais donc jamais trompée sur ta belle âme !... Je t'avais deviné en te voyant !... Que je suis heureuse !... Maintenant je n'ai plus d'inquiétudes, car si tu m'aimes comme je t'aime, il faut que tu m'aimes toujours... Toujours, même après ma mort !... Mon Dieu ! Bénissez notre amour ! Donnez-moi des remords si j'ai commis un crime !... Punissez-moi si je cesse d'aimer mon ami !

— Dieu t'a entendue ! Mon ange ! Dès ce moment tu es unie à moi à ses yeux ! Qu'il me punisse de mort si je ne t'aime plus !... Mais est-ce punissable ? Il faudrait que je visse une femme plus belle et plus ange que toi ! Est-ce possible ?

— Je suis à toi devant Dieu ! C'est un devoir pour moi de t'aimer et de te le dire ; que ce devoir me soulage et me rend heureuse ! »

Je la contemplais. A mesure que nous parlions elle se rapprochait de moi. Ses yeux fixaient les miens avec une expression de bonheur indicible ! Elle me donna encore un baiser et se pâma dans mes bras ! Qu'elle était passionnée ! Ma belle amie ! Je l'accablai de caresses, mais ne tentai plus la même épreuve. Nous étions brisés : elle surtout !

« Tu m'as fait bien mal ! me dit-elle, je souffre encore un peu maintenant. A peine puis-je me remuer ! Serait-ce toujours ainsi ?

— Non ! Bel ange ! Si tu souffrais... Je t'aime comme tu m'aimes, tu le sais !... Nous n'aurions que du bonheur ! Ah ! Dans quelque temps, quand nous aurons pu voir ton frère dans de meilleures dispositions à notre égard... nous lui demanderons quelque chose !...

— Mon bonheur, n'est-ce pas ?... et le tien !... Méchant ! J'ai mal !... Je ne peux pas remuer. C'est mouillé !... Pourquoi donc ?

— Tu es un ange ! va ! Mon Dieu ! Que je serais coupable si tu étais malheureuse par ma faute !... Mais tu ne le seras pas, va... Dieu a reçu nos sermens, nous a bénis ! »

Il était neuf heures passées, il fallut nous lever. Nous étions pleins de sang, il y en avait au lit. Belle amie !

Je l'aidai à s'habiller, elle était si faible ! Et il ne fallait pas appeler Julie ! Elle me cachait son joli sein et quand je l'habillai je ne pus voir que ses épaules. Elle me dit où était son cabinet de toilette et sonna pour prendre son bain habituel. Elle fut bientôt de retour près de moi ; j'étais habillé. Nous passâmes dans la salle. Elle s'appuyait sur moi. Elle me dit que le domestique allait faire l'appartement ; je ne pouvais retourner dans sa chambre, Julie la fesait *(sic)*. Nous étions bien empêchés. Je pris une résolution soudaine, je pris un rouleau de papier de musique quelconque, et lui dis que j'allais sortir. Il le fallait bien. Elle m'embrassa en pleurant et me recommanda surtout de revenir le plus souvent que je pourrais.

« Tous les jours, lui dis-je, je passerai aux heures où je sais que ton frère doit être absent et je monterai si je vois le signal.

— Que Dieu veille sur ta sortie, mon ange ; oh ! désormais Julie seule fera tout mon appartement ; mais aujourd'hui, je ne peux pas... Quel dommage ! J'espérais déjeuner avec toi !... J'ai besoin de te voir toujours... Car tu me dis que tu m'aimes, et quand ta bouche ne me le dit pas, tes yeux me le prouvent. Adieu, pour aujourd'hui.

— Adieu, mon ange ! »

Je descendis avec précaution. Je tremblais, car de ce moment dépendait l'honneur de ma Juana ! Sa considération près des gens de la maison. Je

87

ne vis personne dans la loge du concierge ; un tel bonheur me sembla si extraordinaire que je m'avançai près de la porte de la loge pour m'en assurer. En ce moment sortit avec la propriétaire le domestique qui allait faire la salle de mon amie. Ils venaient du fond de la cour. La dame me demanda si la portière n'y était pas et qui je voulais voir ; je demandai M. Nuñez. En ce moment rentra la portière ; elle venait de chercher du lait, et je saluai la dame et parlai à la portière.

« M. Nuñez n'y est pas, me dit-elle ; mais Mademoiselle y est. A propos, Monsieur, mon mari vous a attendu très tard hier, il ne vous a donc pas vu sortir ?

— Je ne sais pas. Je suis sorti si vite !

— Ah ! C'est donc vous qui êtes sorti quand cette voiture est entrée ?

— Je crois que oui. Enfin puisque j'entre à présent il faut bien que je sois sorti.

— C'est cela. Je descendais hier du troisième à cette heure-là et je me rappelle que la bonne de M. Nuñez fermait sa porte. C'était vous qui sortiez.

— Sans doute. »

Son mari rentra, elle le gronda et lui dit qu'elle était contente qu'il eût été puni lui-même de son étourderie. Je les laissai discuter et remontai, content qu'ils fussent ainsi persuadés de ma sortie de la veille. En effet, dans une pareille maison, il était à peu près impossible que le concierge sût tout ce qui entrait ou sortait. Quand on donnait soirée au fond, c'était une cohue épouvantable avec les voitures et les gens.

Combien je rendis grâce à Dieu qui avait pro-
tégé ainsi l'honneur de mon amie ! Dorénavant
cela ne pouvait plus arriver, puisque je devais
rester jusques après midi. J'étais rassuré pour la
suite !

III

La passion de Juana

*Les scènes précédentes sont sans doute d'une
mièvrerie quelque peu déconcertante pour la sensibilité moderne et il est quelquefois difficile d'ac-
crocher à un récit qui non seulement s'étire en
longueur, mais qui est également entrecoupé d'un
si grand nombre de points de suspension, sans
qu'aucune action dramatique ne vienne étayer l'in-
sipidité du texte. Peut-être faut-il voir là la preuve
ou du moins une indication de la sincérité de
Legrand. Car c'est de deux choses l'une, ou bien
Legrand affabule, mais sans talent, et on se
demande bien pourquoi cacher de tels enfantillages
derrière un chiffre ; ou bien il dit vrai ou croit
dire vrai. Méfiant et maniaque, il note tout, il
documente tout ; ou du moins tout ce dont il se
souvient, peut ou veut se souvenir. Disons-le tout
de suite, les points de suspension nous paraissent
« faire vrai » ; c'est ainsi qu'il semble marquer
les hésitations d'amoureux transis, quelque peu
naïfs et passablement timides. Mais soudain, et
d'autant plus que ceci se passe à l'abri d'une écri-*

ture secrète, la passion peut se déchaîner. Les sentiments les plus délicats, ainsi que le sentimentalisme précédent, sont toujours présents, mais l'érotisme peut reprendre ce qui lui revient, comme en témoignent les pages suivantes [1].

Sa belle tête ondulait en m'embrassant ; elle semblait chercher à mettre sa bouche sur la mienne, de manière que nos lèvres fussent jointes le mieux possible. Elle ne prenait pas garde à elle et son lacet de gorgerette se cassa. Après ce doux baiser d'amour, elle passa ses bras autour de moi, et me découvrit les épaules ; car elle m'avait donné une de ses chemises pour me servir de chemise de nuit. Ses caresses devenaient toujours plus vives et elle fesait (*sic*) partager sa folie.

« Mon ange, me disait-elle, en me pressant contre son cœur, ton amour c'est ma vie. Pourquoi ne puis-je pas te dire tout ce que je sens quand je te tiens dans mes bras ? Sens comme mon petit sein bondit près de ta poitrine ! Je voudrais toujours dire : Je t'aime, je t'aime ! Tout le temps que tu serais dans mes bras, mais ma voix se meurt, et je ne trouve pas de mots. Tiens, sens mon petit sein !... »

A la lueur pâle et faible de la lampe, je pouvais voir ses yeux demi fermés, sa tête renversée en arrière sous la mienne qui la couvrait de baisers. Elle me prit la main et me la posa sur son cœur. Je sentis à travers la chemise que son bouton de mammelle palpitait de désir. Ses jambes si douces

---

1. N.A.F. 14531, p. 157 verso-160 verso.

étaient dans un mouvement continuel ; elles cherchaient à serrer les miennes ; ou plutôt elle ne
savait ce qu'elle fesait *(sic)* ; elle s'appuyait de
plus en plus sur moi. Je ne sais comment il se
fit que les manches de sa chemise quittèrent ses
bras ; elle voulut retirer de mon épaule le bras
qui passait sous moi et fit aussi tomber ma chemise.

Nous ne prononcions plus que des paroles entre-
coupées par des baisers. Comme elle me prodi-
guait ses innocentes caresses, ma belle Juana ! Ses
bras nus m'entourèrent, et mes mains pressèrent
ses hanches nues. Son sein nu s'appuyait sur ma
poitrine ; nous étions fous d'amour ! Un instant
après, épuisée par ses mouvements lascifs, je la
sentis toute nue dans mes bras, sa chemise était
à ses pieds ; ses genoux firent bientôt tomber la
mienne ; elle ne pensait plus qu'à me caresser.
Mes mains sentirent son petit sein si ferme, gonflé
par le désir ; son ventre palpita sous le mien ;
je sentis bientôt le chatouillement délicieux de
son jardin d'amour ; ses cuisses pressèrent les
miennes, ses lèvres brûlantes s'ouvrirent pour recevoir un baiser d'amour et pendant un quart
d'heure nous ne vécûmes plus sur la terre.

Mon Dieu ! Pourquoi ne meurt-on pas quand
on est si heureux ? Mes yeux se ferment malgré
moi, mon âme quitte mon corps quand j'évoque
ces souvenirs ! O mon amie ! Quel plaisir, quel
bonheur je ressentis alors !... Nos corps et nos
âmes étaient unis.

Quand elle revint à elle dans mes bras, sous
mon sein, elle reprit des forces pour me presser
encore et me couvrir de baisers furieux ! Une

seconde fois elle perdit ses sens et je perdis les miens.

Elle était brisée d'amour et de plaisir. Son sein était brûlant ; mes mains ne l'avaient pas pressé, elles caressaient sa taille si voluptueuse ! Je n'entendis pas les mots qu'elle prononçait dans son délire ; mais ayant toujours ma pensée présente, elle jeta souvent d'une voix étouffée :

« Mon ange !... Mon Henry !... »

Quand elle eut repris tout à fait ses sens et que sur le bord de ses lèvres encore palpitantes, je la serrai sur mon cœur en lui donnant les plus doux noms, elle me dit :

« Sais-tu bien, mon ange, que cette nuit je ne souffre pas comme la première ?

— Tu ne souffriras plus ma bien-aimée... ma belle fiancée !...

— Qu'il est doux de s'entendre donner ce nom par celui qu'on aime, par celui avec qui l'on veut passer sa vie. Je suis brisée d'amour, mon ami...

— Quand tu me caressais tout à l'heure, tu croyais donc encore souffrir ?

— Mais oui.

— Et tu t'es abandonnée cependant ! Ange d'amour !

— Ah ! Mon ami ! C'est que tu es heureux, toi ! Et moi, le plaisir et le bonheur me font bien vite oublier ma souffrance !

— Tu ne souffriras plus, ange !

— Tant mieux !... Tiens-moi... je ne me soutiens plus !... Dans tes bras... Henry !... Bien près !... Oh ! Près de ta femme... Sens comme mon sein est content !... Méchant !... Méchant !... Bonheur !... Un baiser, ange !... Je me meurs !... Je me meurs !... »

Elle était furieuse d'amour et ses sens étaient devenus si sensibles qu'à mon approche seule elle se pâmait. Nous étions épuisés tous les deux ! Elle me donna un baiser d'adieu, elle se serra bien contre moi, et dormit dans mes bras, nue comme elle était. Je dormis aussi. C'était ma belle Juanita, mon ange, ma femme qui soupirait sur mon cœur.

Au point du jour je me réveillai et la réveillai aussi par mes caresses d'ange. Ses premières paroles furent :

« Mon ange ! Que tes baisers sont doux ! Que j'aime sentir mes petits boutons roses toucher ton sein ! »

Elle s'étonnait, mon bel ange, que je n'eusse pas de sein comme elle, et pensait ensuite que ses mammelles étaient pour nourrir son enfant.

« Nous aurons un petit enfant quand nous serons mariés ; n'est-ce pas ? Et puis je le tiendrai comme cela sur moi, dans mes bras, et j'approcherai sa petite bouche de mes mammelles pour qu'il les suce, n'est-ce pas ?

— Veux-tu que je te donne un petit baiser sur ton sein ? Ma petite femme !

— Oh... Non, mon ange ! Pas encore !... Je ne veux pas... Caresse-le si tu veux avec tes petites mains ; tu me fais tant de plaisir ! Mais si j'éprouve déjà une émotion si forte quand tes mains le caressent ! Combien serait-elle plus grande si ta bouche en approchait ! Mais tu ne voudrais pas que j'eusse de toi un petit enfant avant que nous ne fussions mariés, n'est-ce pas ? »

Son innocence me tira des larmes. Pauvre enfant ! Elle ne savait pas que ce qu'elle craignait serait peut-être une suite du plaisir qu'elle avait goûté la nuit dans mes bras ! Je n'osai pas le lui dire. Elle attribua mes pleurs à son refus et me tendit son beau sein palpitant de crainte en me disant :

« J'aime mieux être perdue que de te voir pleurer ! »

Ange ! Je la serrai dans mes bras mais ne baisai point son sein ; elle pleurait sur moi et je dévorais ses larmes. Bercée doucement par mes caresses d'ange, elle s'assoupit encore dans mes bras et je ne dormis plus, moi. Ma cuisse était entre les siennes et je sentais ses lèvres brûlantes palpiter encore d'amour et de bonheur ! Hélas ! Je n'osais pas nous découvrir ! Et pourtant nous avions chaud ! Je me hasardai seulement à découvrir son sein dont une vierge eût été jalouse. Elle était sur le côté, et il se tenait droit ! Pourtant il n'était pas dur et gonflé comme la première nuit ; il n'en était que plus voluptueux ! Je ne voulus pas enfreindre sa défense ; mes doigts caressèrent ses mammelles et j'approchai mon ventre du sien. Sans ouvrir les yeux, elle me donna un long baiser et me pressa avec délire ; je sentis encore une sensation délicieuse au chatouillement de son ventre ; et, encore une fois nous perdîmes nos sens et quittèrent (sic) la terre pour remonter au ciel. O ma belle amie ! Je ne veux plus m'arrêter sur cette nuit de délire, je mourrais à ce souvenir. A neuf heures nous nous levâmes. Que ne puis-je me rappeler toutes les douces paroles qu'elle me dit jusqu'à cette heure ? Ce me serait maintenant une jouissance si grande ! Elle était ma femme ! A moi ! Si malheureux jusqu'alors ! Que Dieu compensait bien par ce bonheur suprême tout ce qu'il m'avait fait souffrir et tout ce que je pouvais avoir à souffrir encore !

Quand elle voulut se lever, elle se mit sur son séant. Mais elle cacha son sein avec ses bras croisés ; moi je le couvris tout entier avec ses longs cheveux si épais. Comme elle frémissait d'amour en sentant ma main tremblante passer sur ses épaules et sur son sein ! Son dos était découvert ; elle était si blanche qu'elle aurait fait honte à la neige ! Je la serrai encore dans mes bras et lui donnai un dernier baiser en serrant son sein contre ma poitrine ; ses mammelles se gonflèrent aussitôt et chatouillèrent mon sein. Elle allait se pâmer, sa tête tombait en arrière, ses mains sans forces me caressaient ; elle allait glisser entre mes bras et retomber sous moi, quand elle eut la force de me dire :

« Aie pitié de moi, ange ! Aie pitié de moi ! Je meurs... Je suis brisée ! »

Elle me donna un baiser dans lequel se confondirent nos âmes, et je me levai en m'arrachant de ses bras délirans. Je la voyais dans son lit, étendue sans force, sur le dos ; son beau sein dont les extrémités écartaient les cheveux qui le couvraient ; ses bras étaient allongés de chaque côté, inertes et immobiles. Ses beaux yeux cherchèrent à s'ouvrir pour me revoir encore.

Je voyais la naissance de son ventre, et, en allongeant tout à fait ses pieds, elle découvrit son nombril ; je l'embrassai sur la bouche, ses lèvres étaient tremblantes. Elle se souleva languissamment, chercha en vain son peignoir de nuit pour l'ôter, elle mit sa chemise et je la pris dans mes bras pour l'asseoir ainsi sur sa causeuse. Je l'habillai, et combien de baisers me payèrent de ma peine ! Elle sonna Julie, en me fesant *(sic)* signe de me rassurer ; elle alla prendre son bain pendant que je m'habillai. On ne pensait pas au frère.

En admettant que Legrand ait vécu ses amours avec Juana aussi intensément qu'il les a décrites, on se doute bien qu'elles n'étaient pas destinées à durer. Et pourtant, c'est une passion au sens le plus fort du mot qui hantera Legrand jusqu'à sa mort. Le « bonheur » évoqué est précaire puisque « le frère » doit à nouveau emmener Juana, malgré les efforts déployés par Antonia qui avait tout fait pour faciliter cette liaison et ne peut cette fois rien faire pour empêcher la nouvelle séparation des deux amants. Même séparés, ils ont au moins la consolation d'avoir vécu un bel amour, fixé dans la mémoire des « petites pages serrées » de Legrand. Nous verrons qu'Antonia quant à elle n'a pas même la consolation d'un beau souvenir [1].

Le 21 janvier (1837), j'étais encore enfoncé dans ma bergère ; Turodin était près de moi ; Victor était couché [2] dans mon cabinet ; un commissionnaire m'apporta tes cheveux, ma belle

---

1. N.A.F. 14531, p. 180 verso-184 verso.
2. Turodin et Victor sont deux amis de Legrand qui les héberge souvent.

amie, et me donna une lettre d'Antonia qui me disait que des lettres étaient chez elle pour moi. Je devais les aller chercher moi-même.

Le 8 (février), Victor partit à Beaumont[1] et me délivra ainsi de sa présence qui m'était devenue odieuse. Le lundi 13 février, je pus enfin aller Cité Bergère chez une amie d'Antonia, dont elle m'avait donné la lettre et l'adresse, pour aller prendre ta lettre, ma belle Juana !

De retour chez moi, Turodin me fit retrouver ma bague dans le double fonds *(sic)* de mon secrétaire. Comment ne l'avais-je pas trouvée là moi-même[2] ? Je lus tes lettres, tu me tutoyais, tu m'appelais ton mari ! Tu étais mère ! Trop de bonheur ! Trop de joie ! Hélas ! Mon Dieu ! Pourquoi ne me fîtes-vous pas mourir alors ? Il est vrai que ma mort aurait été cruelle, je t'attendais ! Je veux courir au but et, autant que possible, ne parler que de toi, mon ange, car je suis plein de toi et j'ai tant de plaisir à écrire pour toi seule !

Le 23 février, Victor partit enfin pour Le Havre, de là pour l'île Bourbon. Les jours précédens j'avais eu encore tout lieu de voir combien peu il respectait sa mère. O mon amie, m'aurais-tu donc aimé si je n'avais pas respecté la mienne ! Toi qui aimais tant ta mère morte comme elle était ! Heureux mois de février, que tu passas vite et que tu me causas de bonheur !

---

1. Probablement Beaumont-sur-Oise.

2. Legrand avait reçu, le 8 août 1836, une bague avec deux cheveux de Juana dans le chaton et plus récemment une autre bague qui venait de Naples avec l'inscription : *Por mi amigo y mi marido.*

J'avais fait savoir à madame de Saulnois que mon mal de pied m'empêchait d'aller chez elle.

Je pris enfin le 8 mars la résolution d'écrire à ma belle Juana par la poste ; je lui avais écrit quelque temps auparavant, mais je ne me rappelle plus la date. Je risquai cette fois-ci que ma lettre ne parvînt pas ; la guerre était si terrible aux environs de Valence d'où elle m'avait écrit et où elle était malade depuis sa couche ; et cette guerre menaçait de devenir plus terrible encore[1] de jour en jour. Avec quelle assiduité je parcourais les journaux depuis que je savais où tu étais, mon ange ! Et que tu m'aimerais toujours. Hélas ! Je t'en voulais un peu d'avoir douté de moi, et je ne me souvenais pas sans doute que j'avais voulu t'oublier comme tu le craignais. J'avais trop bien mérité tes doutes. Tu ne pouvais pas m'oublier alors, toi ; ta fille et tes souffrances me rappelaient trop à ton souvenir. Combien de fois je maudis le cruel Cabrera[2] et ses bandes sanguinaires qui avaient causé la mort de ma fille et la maladie de ma femme ! Oui, ma femme ! Je me plaisais à te donner ce nom comme tu te plaisais à me nommer ton petit mari. Jamais mon amie, tu n'as été ma maîtresse. Tu me le dis, tu as été bien contente en voyant sur mon anneau d'alliance la date du 25 mai ; tu as vu par là que, devant Dieu, j'étais ton mari depuis la nuit de

---

1. Les guerres carlistes avaient éclaté entre les partisans de Don Carlos et ceux de la régente Marie-Christine.
2. Ramon Cabrera (1810-1877), comte de Morella, était un partisan de Don Carlos. Il avait une réputation de violence fanatique.

bonheur où je t'avais tenue dans mes bras, mon bel ange ! Je retournai souvent chez madame de Saulnois. Je me gardai bien de le dire à Turodin. Ce ne fut guère que dans le commencement de ce mois de mars qu'il sut que c'était rue du Faubourg-Saint-Honoré et non pas Cité Bergère que j'allais si souvent. Je ne lui parlai plus de Chaillot, je n'en avais plus besoin. Mon ange ! Tu ne peux pas te figurer tous les détours que je pris pour lui cacher le nom et la demeure d'Antonia. Il est bien difficile de mentir, va, ma belle amie. Je savais qu'il allait chez madame de Messine [1] au Marais, et Antonia y allait aussi comme elle nous l'avait dit. Elle allait aussi chez le Pair de France en face de chez moi, le comte de La Briffe ou bien Labriffe [2] ; mais là elle n'aurait pu rencontrer mon ami que dans la rue. Combien j'aurais été fâché que ton amie éprouvât la moindre peine à cause de moi. C'était un bien grand dévouement que sa conduite, et il faut qu'elle t'aime bien. Mais qui ne t'aimerait pas ? Elle était ta seule amie ; tu étais de même la seule qu'elle eût ; tu lui avais dévoilé ta belle âme, comment ne se serait-elle pas sacrifiée pour te rendre heureuse ? Cela lui semblait un devoir. Turodin venait chaque jour chez moi, et chaque jour je lui parlais de toi. Cela me semblait si doux ! Je le fatiguais même ; car il ne te connaissait pas, ange ! J'avais écrit à ma mère, selon ta demande, et l'avais sondée sur ses dispositions à cet égard ; à l'égard de

---

1. Nous ignorons tout de ce personnage.
2. Il s'agit de Pierre-Arnaud de la Briffe, comte de La Briffe et de l'Empire, pair de France (1772-1839).

notre mariage. Je savais par expérience que si nous avions le consentement de ma mère, nous avions aussi celui de mon père !... Je ne reçus pas de suite une réponse à ma demande, mais d'après ce qui s'était passé quand j'avais parlé de toi à ma mère, l'hiver que tu étais à Lyon, j'étais sans inquiétude aucune sur le résultat définitif.

Le matin du 15 mars je reçus par la petite poste ta lettre du 25 février, Antonia l'avait reçue d'Espagne. Turodin était chez moi. Tu me parlais toujours de notre fille et cela me faisait de la peine parce que je voyais bien que tu étais sans cesse avec elle, et que tu souffrais de sa perte ; et moi, si loin de sa tombe et de toi, je pensais à toutes les deux. Je pleurais ma fille, mais je voulais le retour de la mère, de toi, ma Juanita, de toi qui es ma femme !

Ma mère et ma tante arrivèrent le soir de ce jour, au moment que je ne m'y attendais pas du tout. Leur aspect me fit presque trouver mal. Je tombai sans force sur ma bergère. Elles étaient accourues vite, pensant bien d'après ma lettre que je ne pouvais pas travailler. Je leur lus certaines parties de tes lettres et ce jour-là je n'osai pas lire tout. Si tu savais comme je tremblais en parlant de toi ! J'étais si heureux depuis que ta lettre du matin même m'avait appris que tu avais en ton pouvoir le consentement de ton vieux tuteur de Tolède ! Je ne craignais plus ni D. Vincenzo ni D. Phelipe [1], tu m'appartenais, et je t'attendais impatiemment au terme indiqué par toi. La veille

---

1. D. Phelipe ou Felipe était celui auquel Nuñez destinait sa sœur ; nous ne savons pas qui est D. Vincenzo.

de leur départ, je leur lus tout, et elles pleurèrent. Et comment ne pas pleurer en lisant tes lettres si tendres et si vraies ? Ton cœur s'y montre tout entier, mon ange, et on adore les anges ! J'avais été dans la journée chez Antonia ; elle m'avait demandé avec ma mère pour appuyer ma demande de tout son pouvoir, mais je ne pus la lui présenter parce qu'elle n'avait rien apporté pour faire toilette et était venue dans le plus simple négligé. Je regrettai bien depuis ce temps-là de n'avoir pu la présenter ; cela aurait évité bien des chagrins, aurait levé bien des doutes dont on m'a poursuivi depuis. Pardonne-moi, amie, si je m'appesantis ainsi sur cette époque de bonheur et d'attente, l'espérance me tenait lieu de tout. Le vendredi 17 au soir, elles partirent et je restai seul avec Turodin.

J'allais souvent, plus souvent qu'auparavant, chez Antonia ; malheureusement son hôtel était à louer, et elle allait partir pour un long voyage. Je perdis un de ces jours un cachet appartenant à une Espagnole qui venait chez elle et je fus forcé de le remplacer sans qu'elle s'en aperçut. Je montai la garde le jour précis de Pâques.

Je veux te dire, ma belle amie, ce que me disait Antonia dans nos soirées, après que nous avions parlé de toi. Elle me disait des choses qu'elle ne t'a jamais dites parce qu'elle ne pouvait pas te les dire ; mais je le peux, moi, quand tu reviendras et que nous serons mariés tu pourras entendre le récit des ennuis de ton amie. Elle me disait :

« Juana est bien heureuse ; elle a aimé et elle a été aimée. Mais moi, mon Dieu ! Quand j'étais jeune, j'étais si étourdie, que, malgré les occasions

103

que j'aurais pu avoir de m'instruire sur le sort d'une femme dans le monde, j'arrivai à vingt ans avec un cœur aussi neuf que celui de mon amie. La musique, la danse, la promenade, voilà quelles étaient mes occupations favorites ; je haussais les épaules quand mes amies me parlaient de l'amour et du mariage ; j'attendais mon tour avec insouciance et ne cherchais jamais à me mêler comme les jeunes filles à une conversation où l'on parlait de l'amour. Les importunités mêmes de mon cousin, qui demeurait chez mes parens et était amoureux de moi, ne servirent qu'à redoubler mon indifférence. Alors, M. de Saulnois qui était fort lié avec M. Nuñez, me trouva fort belle, à ce qu'il paraît, car il ne se donna point de repos que mes parens lui eussent accordé ma main. Ma famille est loin d'être riche, mais elle est considérée à Naples ; la fortune de M. de Saulnois et sa position dans le monde décidèrent mes parens à me donner à lui. On m'en parla et l'on pensait sans doute qu'indifférente comme je l'étais, je trouverais encore moyen d'être heureuse avec les facultés de briller que me donnait la fortune de mon mari, malgré son âge si disproportionné avec le mien. Je ne savais nullement ce que c'était que le mariage ; je me figurais qu'il consistait seulement à habiter sous le même toit que son mari ; et malgré mon indifférence complète pour mon futur suranné, je me disais que je vivais bien dans la même maison que mon cousin que je ne pouvais pas souffrir, et que je ferais de même avec mon mari. Et d'ailleurs il avait assez de fortune pour satisfaire tous mes caprices, et j'en avais ; et avec le douaire de dix mille francs de rentes qu'il m'assurait en cas de mort ou de séparation, joignant encore la petite dot de ma famille, j'avais mon indépendance sûre, et j'aurais fait bien des choses pour mon indépendance. Je consentis donc à cette union. Ma mère qui connaissait combien j'étais sensible malgré ma légèreté n'osa jamais me donner les avertissements qu'on donne aux nouvelles mariées, elle chercha seulement à prévenir ma première surprise pour la nuit par des paroles tellement embarassées *(sic)* et incompréhensibles, que, quand on me conduisit au lit nuptial, me figurant que je devais y coucher seule, je m'arrangeai en conséquence au beau milieu du lit et mit les deux oreillers l'un sur l'autre. Vous riez ; mais c'est la pure vérité. Quand M. de Saulnois arriva pour se coucher, je commençais à m'assoupir, je fus étonnée ; mais, me souvenant que mon père et ma mère couchaient ensemble, je me résignai et me dis en moi-même que je me tournerais vers le mur. Mais quand, couché près de moi, il voulut me donner des caresses, je me défendis si bien des pieds et des mains que je le forçai d'abandonner le lit. Il n'osa pas y revenir au moins de trois mois. Au bout de ce temps il vainquit par ses bontés et sa douceur la résistance opiniâtre que je voulais lui opposer et il devint tout à fait mon mari. Mais je souffris moi, et Juana ne souffrit pas, elle vous aimait. Figurez-vous une jeune fille couchée avec un squelette vivant et recevant ses caresses... C'est affreux, Monsieur ! »

Elle pleurait en me disant ces dernières paroles. Et il fallait qu'elle eût bien de la peine, elle qui est si enjouée. Mais dans son boudoir, entourée des objets qui lui rappellent de tristes réflexions, elle change complètement et son âme se montre telle qu'elle est, ennuyée jusqu'à la mort. Jamais son mari n'est entré avec elle dans ce boudoir. Cependant, bien qu'elle n'aime pas son mari et qu'il ne puisse guère lui donner les plaisirs que semblent réclamer une jeune et jolie femme, italienne comme Antonia et d'un tempérament ardent comme le sien, elle lui est certainement fidèle. Je suis allé chez elle trop souvent, surtout et presque seulement le soir, elle-même, dans le temps que tu étais à Paris, t'avait trop souvent chez elle et était trop souvent chez toi, pour qu'elle pût avoit une intrigue amoureuse. Aurait-elle voulu se risquer tant pour nous si elle avait déjà eu quelque chose à cacher pour elle-même ? Et la meilleure preuve que je puisse te donner, c'est la crainte qu'elle avait de te blesser et l'innocence angélique que ses entretiens si fréquens te laissèrent. Une femme perdue ne peut pas se déguiser si bien ; et en supposant qu'elle y réussisse avec les hommes, elle se laisse aller avec une amie.

« Heureusement pour mon mari, continuat-elle, je n'avais personne que je pusse aimer ; si mon cœur avait eu la moindre inclination, je ne sais ce qui serait arrivé... Mais j'aurais peut-être... les enfans que je n'aurai jamais avec lui. Ce vide immense, que je ne voulais ni ne pouvais même pas combler dans mon cœur, parce que j'aurais exigé dans un amant des qualités incompatibles avec les usages et les mœurs du monde où je vivais, me causa à la longue un ennui que je ne pouvais charmer que près de mes parens ; mais quand j'étais ici je n'avais personne. A Naples, à Rome, je n'avais point, parmi mes amies, une seule personne à qui j'osasse confier mes chagrins ; ici, à Paris, je n'avais pas d'amies, et ne voulais certes pas en faire parmi les femmes frivoles que je voyais ; faites un amant, m'auraient-elles dit en se moquant de mes souffrances. Pour me distraire, j'ai voyagé, j'ai couru les bals et les soirées, je me suis amusée à désespérer des adorateurs de salons et à promener mon étourderie et mon indifférence de boutique en boutique, de salon en salon, de théâtre en théâtre ; dans une même soirée, j'assistais à un concert, et je courais dans trois bals où je dansais comme une folle, j'avais eu ma loge dans un théâtre et je rentrais à 3 ou 4 heures du matin, fatiguée, harassée et je me couchais vite, afin de dormir aussitôt de peur de rester une minute avec mon cœur. Voilà ma vie, Monsieur, et l'on envie mon sort ! Ce mal moral qui me ronge est cent fois pire que la misère et que la mort. J'eus le bonheur de connaître Juana, elle seule a su me rendre heureuse, elle a fait passer dans mon âme sa piété si éclairée, sa douceur angélique ; je haïssais mon mari, elle me l'a fait estimer et respecter, et maintenant, grâce à elle, je peux sonder mon cœur sans en tirer des pensées de haine et de désespoir. Voilà ce que je dois à cette ange ; aussi je veux faire tout ce qui dépendra de moi pour la rendre heureuse, son bonheur est de vous aimer ; je vois que vous êtes digne d'être aimé d'elle, je veux que votre union soit mon ouvrage ; car je suis assurée que ni l'un ni l'autre n'aura jamais a s'en repentir ; et moi, je serai moins malheureuse, je mènerai une vie moins dissipée et moins aventureuse, je vivrai tranquille près de vous, car vous resterez toujours mes amis, n'est-ce pas, Monsieur ? Est-elle heureuse, elle ; elle est mère, elle a connu les plus grandes joies du monde... Elle a connu aussi les plus grandes peines. » Tu vois, ma belle Juana, d'après ces confidences que ne pouvait pas te faire ton amie, combien ses souffrances devaient être cruelles ; elles étaient celles d'un cœur fait pour aimer et condamné à passer sa vie dans les bras d'un homme qui n'était rien moins qu'aimable.

« Combien ma mère devait sentir de remords, si elle connaissait les souffrances de sa fille. Elle aurait dû ne pas craindre de me dévoiler tous les secrets d'un mariage que je contractais dans l'ignorance la plus complète des obligations que je m'imposais. Mais elle croyait avec les goûts frivoles qu'elle me connaissait que la fortune seule pouvait assurer mon bonheur ici-bas, et de fait, M. de Saulnois remplissait de ce séduisant côté toutes les conditions désirables ; elle avait pu savoir et connaissait aussi assez mon caractère pour penser que je romprais tout avec opiniâtreté si l'on ne me liait pas à mon insu. On prit ce parti, et je ne sais pas vraiment si je ne dois pas en remercier Dieu puisque j'ai connu par là votre bonne Juana, et vous, Monsieur ; votre amitié adoucira l'amertume de mes chagrins ici-bas. »

Legrand décrit la manière dont il réagit en apprenant la mort de Juana. Les détails de ce drame sont peut-être moins intéressants en eux-mêmes que par ce qu'ils révèlent du caractère mystique de Legrand qui a de plus en plus souvent ce qu'il appelle une vision de Juana, malgré son absence physique. Ceci se prolonge d'ailleurs au-delà de la mort de son « ange », ce qui lui permet de s'adresser encore à elle[1].

Oh ! pourquoi, à mesure que s'approchait le terme fixé pour ton arrivée, devenais-tu plus triste dans mes bras ? Je ne savais à quoi attribuer les pleurs qui coulaient de tes yeux au milieu de tes baisers. Et tu venais chaque nuit quand ma voix t'appelait. Le lendemain de mon arrivée à Beauvais j'avais reçu une lettre d'Antonia qui m'annonçait son départ et m'assurait que tout ce qui viendrait chez elle pour moi me serait fidèlement remis. J'attendais avec anxiété une lettre de toi, mon ange, et j'attendais le 15 avril, terme fixé par toi-même. Le 15 arriva ; je te supposais à Marseille ; tout le monde chez nous était dans la joie, parce que tu devais faire mon bonheur ; moi seul je tâchais de ne pas suivre l'entraînement général, je craignais, je ne sais pourquoi, mais ta tristesse dans la nuit répandait une sombre mélancolie sur mes pensées.

Le 17 arriva. Je sortais de tes bras d'ange, le matin. Dès 7 heures et demie, une lettre arrive, elle est d'Antonia. Elle m'annonce ta mort !...

Plus d'espoir, je ne te verrai plus.

Je restai muet et immobile toute la journée ; Turodin vint ; je ne lui parlai pas. Le lendemain on avait envoyé chercher ton coffret à Paris, on m'envoya du linge. Je pars le soir du 18, dès 5 heures du matin je suis chez moi, rien, me dit-on. Je cours à l'hôtel d'Antonia, Florent[1] a porté la

---

1. N.A.F. 14531, p. 189 recto-190 recto.
1. Florent était le domestique d'Antonia.

boîte chez moi ; il vient avec moi, me la fait donner. Je remonte en voiture et j'arrive à 3 heures à Beauvais.

J'avais tes écrits, mon ange ! J'avais ta bible et ton poignard. J'aurais cru par ce présent que tu m'appelais à toi, si tu ne m'avais pas ordonné de vivre dans tes derniers écrits.

Ils ne t'ont pas connue, mes parens, et maintenant il est impossible qu'ils te connaissent jamais ; aussi leurs regrets sont-ils nuls ; ils pleurent ta fortune. On me persécute, mon ange, loin de me plaindre...

Je n'ai que la nuit pour te pleurer en liberté et non pas avec les larmes des yeux qui soulagent, mais avec les larmes du cœur qui étouffent.

Le jeudi, après mon retour de Paris, on a fait venir dîner avec moi mon frère et ma sœur [1]. Croiras-tu qu'après le dîner, mon frère a profité de l'ascendant singulier qu'il a pris sur mes parens pour commencer un discours qui m'aurait fait rire de pitié pour l'état de son esprit si je n'avais pas été absorbé par ton souvenir ; mes oreilles reçurent toutes ces paroles, mais ne s'en affectèrent pas. Il s'arma de l'avenir pour m'en accabler, comme si je n'avais pas encore assez du présent. Et, voyant mon immobilité et l'état d'insensibilité complète où je me trouvais ou peut-être son cœur lui dévoilant à la fin la sottise de son esprit, il se rétracta si bien à la fin, qu'il dit qu'il fallait d'abord me laisser pleurer, et dans quelque temps seulement chercher à me distraire. Alors, pour-

---

1. Legrand n'a pas de frère et c'est évidemment son beau-frère qu'il désigne ainsi.

quoi avait-il parlé ? C'est la première persécution que j'eus à subir, ce ne fut pas la dernière, mon bel ange. On me mena chez ma sœur et j'y copiai de la musique ; je fis de moi-même tout ce qu'il était possible de faire pour étouffer ma douleur ; mais le soir je me sentis oppressé de tout ce que j'avais retenu de peines dans la journée. Toi-même, ma belle Juanita, tu ne vins pas cette nuit-là malgré mon appel. Tu voulais donc m'accabler aussi ? Dis-moi.

A cette heure je suis abandonné de tous excepté de ma mère ; et encore faut-il que je m'enferme seul dans une chambre déserte pour me consoler en t'écrivant et relire en paix tes dernières pensées.

Ma tante ne vient pas, qui peut l'en empêcher ? Mon grand-père qui semblait tant désirer ta venue ne vient pas, mon Dieu ! Turodin, mon seul ami de tous mes amis, le seul qui me reste et celui sur lequel on voulait me donner des doutes, n'est venu que deux fois depuis ta mort. N'ai-je plus ni amis ni parens ? N'ai-je plus que ma mère ? Viens, mon ange, apporte-moi tes consolations, dis-moi et persuade-moi que j'ai encore des parens, que j'ai encore des amis. J'ai besoin de cette assurance, je le sens, et je l'attends de toi.

L'épreuve commence pour ma famille ; donnez-moi le courage de la subir ; rendez-moi un frère, conservez-moi ma sœur !...

Le deuil qu'éprouve Legrand ne se manifeste pas seulement en affectant ses relations avec les membres de sa famille. Sa douleur semble à la mesure de sa passion, immense. Il paraît presque

111

naturel qu'il ne choisisse de s'exprimer à personne d'autre qu'à Dieu[1].

Vous m'avez enlevé ma femme, vous l'avez rejetée sur la terre inhospitalière de sa patrie et vous l'y avez clouée impitoyablement afin que ses os reposassent près des os de son frère et de toute sa famille.

Elle avait dans son sein une fille, l'amour et la consolation de sa mère, l'amour et l'espoir de son père, vous savez avec quelle sollicitude elle veillait sur elle-même de peur de blesser son enfant ; même lorsque, dans son angélique ignorance des suites de l'amour, elle ne savait pas que son sein fût devenu fécond ; eh bien, vous avez amené sur sa route les bandes carlistes, vous avez dirigé une balle qui effleura la cuisse de ma bien-aimée ; vous l'avez renversée de son cheval ; elle n'a recouvré ses sens que dans Hiniesta[2] et, transportée malade à Valence, vous avez avancé ainsi la venue de son enfant pour nous en priver.

Vous saviez qu'elle et son mari désiraient ardemment une fille ; vous la lui avez accordée sans doute afin que ses regrets fussent plus cuisans. Je me plains, mon Dieu, je ne vous accuse pas.

Vous avez ensuite traîné sa maladie assez pour qu'elle reçut son anneau d'alliance qui l'unissait à moi et lui donnait l'assurance qu'elle serait ma femme et que je serais son mari pour le monde comme pour vous ; mon Dieu, assurance que je

1. N.A.F. 14531, p. 200 verso.
2. Petite ville de Nouvelle-Castille.

n'avais pas osé lui donner quand nous étions ensemble. Est-ce vous, mon Dieu, qui nous avez suggéré ces craintes ? Prévoyiez-vous dès lors que, connaissant mon désir et éclairée sur son état par mon expérience, elle aurait résisté à son frère et serait restée à Paris malgré sa volonté ? Je ne sais, dans le doute cruel où je suis plongé, si ces événemens auraient pu avoir pour nous d'heureuses conséquences.

Legrand semble alterner constamment entre le bonheur souvenu et le malheur vécu. C'est en résumant ce dernier qu'il semble se venger en enfermant le premier dans le secret de son écriture [1].

Il [2] devint son mari, elle partit, enlevée inopinément par son frère. A Naples elle trouva le choléra et la douleur, elle se sentait enceinte et l'ignorait ; elle envoya une seconde bague à son mari. A Valence, elle heurta le cercueil de son frère ; elle fut blessée à Hiniesta et ne put revoir Tolède ; elle vit sa fille mais morte ; n'approchat-elle point sa petite bouche inanimée de ses mammelles qui devaient la nourrir ? Après, elle ne quitta pas sa chambre et y mourut des suites de ses souffrances et de ses chagrins ; mais en mourant elle espérait encore revoir son ami sur la terre, elle ne devait le revoir que dans les cieux. Elle mourut ayant au doigt la bague d'alliance

1. N.A.F. 14531, p. 250 verso-251 recto.
2. Legrand.

que son ami lui envoya de France. Ainsi finit ce rêve, car c'en fut un, rêve de bonheur, d'un bonheur céleste et incompréhensible, bonheur d'autant plus pur qu'il fut exempt de remords et qu'aucun nuage ne vint le troubler. Ils étaient ignorés de tous ; quatre personnes seulement possédèrent ce secret et il s'ensevelira avec elles ; elle, lui, Antonia, Julie. Elle est morte ; lui, dépérit ; Antonia voyage pour s'étourdir ; Julie ignore si tous vivent ou reposent. Il aurait fallu que ce secret resta (*sic*) entre ces quatre personnes, puisqu'ils devaient leur félicité à l'ignorance où l'on était sur leur sort. Sa famille, à lui, l'a su. Ils parleront s'ils veulent, tout est fini. Tout est écrit dans une langue et avec des caractères inconnus ; celui qui pourra les déchiffrer saura seul tout ce qu'il a souffert. Il se nourrira de cette lecture qui lui rappelle les vertus de son amie, jusqu'à ce que la mort le rejoigne à elle. Malheureux, presque proscrit, c'est le souverain bonheur qu'il demande en implorant la mort. Mais cette mort qui surprend l'homme heureux ferme l'oreille aux cris d'un infortuné, elle ne se plaît que dans les larmes et le désespoir d'un mourant.

Mais Juana morte, il n'y a plus de raison de cacher si farouchement son identité ; sans doute pas au point de nous la donner en clair. Et pourtant, le lecteur est une fois de plus déçu dans ses espérances, car, mais ne fallait-il pas s'y attendre, c'est, semble-t-il, une fausse identité qui nous est révélée. Bien que Legrand prétende, comme nous le verrons plus bas, que Juana soit la fille du comte de Rodas, il n'y a pas à notre connaissance

114

de comte de Rodas dans la noblesse espagnole de cette époque [1].

Dans l'année 1818, le vingt-neuvième jour d'avril, Doña Juana-Beatrice-Dolorès Ruiz de Alabanca, épouse de Don Antonio-Pablo-Luiz Bonevano Nuñez, conde de Rodas, donna à son mari une fille dans sa maison de Tolède, et donna à cette enfant, qui promettait déjà d'être belle comme sa mère, les noms de Antonia-Juana-Iñez-Dolores. Mais le fils aîné de D. Antonio, qui fut le parrain de sa petite sœur, dit à son père qu'il lui avait donné le nom de Adelas, parce que sa mère à lui, la première femme de D. Antonio, ... portait le nom d'Adèle, car elle était française et native de Lyon. Ils se gardèrent bien de le dire à Doña Beatrice qui en aurait été blessée. Aussi, tant que vécut le père, on n'appela jamais la petite fille que Juana quand on était devant sa mère.

L'identité de Juana est confirmée plus loin par Legrand qui met ainsi un point qu'il croit final à l'histoire de Juana [2].

Laura [3] remplit fidellement (*sic*) les dernières volontés de sa maîtresse, en envoyant à Antonia le coffret de citronnier dont elle lui avait parlé ; elle le ferma en y mettant ce qu'il fallait pour rendre le malheureux assuré de cette mort :

---

1. N.A.F. 14531, p. 211 recto-211 verso.
2. N.A.F. 14531, p. 252 recto-252 verso.
3. Laura était la servante de Juana.

ANTONIA JUANA INEZ ADELAS DOLORES
hija de

JUANA BEATRICE DOLORES RUIZ
de ALLABANCA,
y de

ANTONIO PABLO LUIZ B NUNEZ
Conde de RODAS,

murio en la ciudad de Valencia 31 marzo 1837, y clamé *(sic)* a la muerte los nombres de su marido y de su hija. Era de 19 años cuando murio entre mis brazos ; Dios la tiene. Laura, su criada cara.

Par quel moyen Antonia reçut-elle ce paquet ? Par quel moyen le lui fit-elle parvenir avec sa lettre qui lui donnait de plus amples détails ? Il ne le sait pas ; il lui suffit, pour son malheur, que l'espérance soit morte avec sa Juana ; toute sa vie était en elle ; et à présent qu'elle n'est plus, c'est un corps sans âme qui se traîne péniblement encore sur le chemin qui mène à la mort, impatient d'arriver au terme du voyage. Son âme a suivi sa belle amie dans le ciel où elle est heureuse. Elle est au ciel, l'ange ; car elle l'a visité toutes les nuits depuis qu'elle a été exaucée de Dieu et qu'il lui a inspiré l'envie de l'appeler. Elle a répondu à son premier appel. Dieu répondra-t-il au sien ?

IV

Adèle de M.

Legrand est inconsolable de la mort de Juana.
Il le restera en fait jusqu'à sa mort, d'une manière
ou d'une autre, mais pas n'importe comment. Sa
fidélité au souvenir de Juana est en effet quelque
peu étonnante, car très rapidement il va faire la
rencontre d'une troisième Adèle. C'est au jardin
des Tuileries qu'il voit pour la première fois celle
qu'il désignera tout au long de ses manuscrits sous
le nom d'Adèle de M. Et elle ne peut faire autrement que d'attirer son attention car cette amie
d'Antonia de Saulnois est physiquement le portrait
vivant de Juana.

Qui est cette femme ? Legrand protège son
identité avec le plus grand soin, comme il a pro-
tégé celle de Juana. Il brouille les pistes du mieux
qu'il peut, malgré les très nombreux détails biographiques qui se glissent au fil des pages. Nous
verrons bientôt que Legrand a de bonnes raisons
pour vouloir égarer le lecteur éventuel et, avouons-
le, il a réussi jusqu'à maintenant à frustrer les pré-
sentateurs du plaisir d'une identification certaine

non seulement de ce personnage mais aussi de son entourage.

Résumons pour le lecteur ce que nous croyons en savoir. Adèle de M. serait née le 29 septembre 1820. Son père, encore vivant en 1865, duc et pair de France, un intime de Louis-Philippe, était veuf depuis la naissance d'Adèle. Il n'aurait pas eu de fils, mais une fille aînée que Legrand prénomme Louise et qui était déjà mariée en 1845. L'intimité d'Adèle de M. avec la famille royale était telle qu'elle partageait souvent le lit de la princesse Clémentine, qu'elle prenait son bain avec la princesse de Joinville et qu'en 1845 elle accompagna à Pampelune la duchesse de Nemours avec Mme d'Oraison. Nous ne connaissons pas sa date de décès mais elle était encore vivante en 1865 et ne s'était toujours pas mariée. Ajoutons qu'il serait bien étonnant qu'elle se soit effectivement prénommée Adèle et que ce prénom nous semble plutôt une précaution supplémentaire de Legrand qui, de plus, accentue ainsi la ressemblance de cette femme avec Adèle-Juana et trahit une fois de plus son caractère obsessionnel.

Qui que soit Adèle de M., grâce à la complicité de Marie, sa gouvernante, elle rencontre plusieurs fois Legrand et l'idylle commence, du moins en ce qui nous concerne, par une série de soixante-treize lettres qu'elle lui écrit à la dérobée. La première est datée du 2 juillet 1837. Ceci n'est pas du tout du goût de son père, aristocrate autoritaire, qui la bat sévèrement et la séquestre. Il la met même au pain sec et à l'eau et, dit-elle, « elle n'a pas même de mère pour s'interposer entre son

118

père et elle et sa sœur tremble ». Son père reste donc intraitable [1].

5 juillet (1837)

Je ne sais que penser de la conduite de mon père à mon égard. J'ignore s'il a eu quelque vent de notre entrevue passée ; mon amie [2] ne peut me voir ; je suis enfermée et ma bonne seule peut entrer ; il n'a pas même en elle une bien grande confiance, puisqu'il ordonne à ma sœur de rester dans la salle près de ma chambre. Elle a accepté cette mission, j'ignore si (c'est) de gré ou de force ; car j'hésite à me croire assez malheureuse pour être venue au point de me défier de ma sœur, à qui je voulais d'abord confier mon secret et le vôtre, secret innocent s'il en fut jamais et que le mystère qui l'enveloppe rendrait coupable si on venait à le percer. Heureusement ma sœur veut sortir pendant l'absence de mon père et peut-être me laissera-t-elle libre demain soir quand il sera au cercle ; elle se voit avec peine privée de ses soirées d'amies et de ses promenades pour une aventure qui ne la regarde pas. Vous devez bien penser, après ce que je vous dis, que nos dangers communs ne sont pas encore passés ; ma résistance aux volontés de mon père les accroît et les nourrit ; de plus, vous me blâmez peut-être de confier votre salut et le mien à la foi de ma bonne. Il faut me pardonner et lui continuer notre confiance, puisque sans elle, il faut que nous soyons séparés pour jamais, ou risquer de vous

---

1. N.A.F. 14532, p. 6 verso-8 verso.
2. C'est encore la comtesse Antonia de Saulnois qui est l'amie de cette Adèle de M.

exposer à des périls mille fois plus grands. Me sacrifieriez-vous à votre tranquillité ? La mienne n'est pas possible. Il faut que je me marie, et alors moi seule serai malheureuse. Je ne puis m'y résoudre, et ne puis non plus me priver de la consolation de vous faire part de mes souffrances et d'exciter votre pitié ; c'est l'unique consolation qui me reste. Que devez-vous penser de moi ? Rien de mal, n'est-ce pas ? Vous m'avez vue si maltraitée, vous connaissez mes sentimens. Je n'ai trouvé de l'intérêt qu'en vous et ne veux pas chercher si j'en trouverais dans un autre ; j'ai toujours présentes les paroles que vous avez dites à mon père et à moi la première fois que je vous ai entendu parler, vos actions m'ont prouvé qu'elles étaient vraies et je suis bienheureuse qu'elles ne soient pas démenties. Pardonnez-moi la demande que je vous fais ; je suis bien à plaindre et, si mes actions semblent folles, c'est que l'état où je suis peut bien conduire à la folie. Je n'ai pas même de mère qui puisse se mettre entre moi et mon père, ma sœur tremble et ma bonne pleure ; tout ce que je puis faire c'est de souffrir et de cacher mes larmes sous une apparence de gaîté quand je sors ou que je vois quelqu'un. Si ma demande semble sortir de la modestie qui sied à une jeune fille, c'est que mes malheurs me mettent dans la position qui me place hors de la loi commune. En sera-t-il ainsi à vos yeux ? Je le voudrais. A peine vous êtes sorti du péril et je vous y replonge ; mais une chose me donne le courage de vous le dire ; vous êtes de sang-froid et vous pouvez me refuser si le danger vous paraît trop grand ; je vous y engage même. Dieu sait pourtant si un pareil refus me

120

causerait de la peine. En acquiesçant aux volontés de mon père, tous vos dangers disparaissent, mon mari[1] ne sachant rien ; les miens se doublent peut-être, mais comme je ne veux pas écouter que moi et que, de quelque côté que je me tourne, je ne vois que maux présens ou à venir, je veux vous consulter. Je ne peux pas sortir, je me sens malade et prisonnière. Demain, à la même heure qu'aujourd'hui, ma bonne pourrait vous prendre et vous amener chez moi sans que le portier sache rien ; puis, quand ma sœur s'éloignerait, comme elle le fera, je vous dirai tout ce que je veux et que les bornes d'une lettre ne me permettent pas de vous écrire. D'ailleurs il me faut dérober ces morceaux de papier de peur qu'ils ne s'apperçoivent *(sic)* de notre correspondance et que cette voie ne nous soit fermée. Un geôlier n'est pas plus sévère, et le peu que j'écris, je suis obligée de l'écrire en diverses fois, j'aurais tant de plaisir à le faire à loisir ; cette consolation même m'est ôtée. Demain vous déciderez de mon sort, car je ferai tout pour votre tranquillité. Pourtant, oserais-je vous dire que cette tranquillité me coûterait mon bonheur ; je ne parle pas de ma vie. Les dangers que nous courons et dans lesquels nos imprudences réciproques nous ont plongés sans remède, l'entrevue que j'ai eue avec vous, les paroles que vous m'avez dites, tout m'a donné en vous une confiance sans bornes et m'inspire cette liberté que mes malheurs excu-

---

1. Bien qu'elle ne soit pas mariée, Adèle de M. a été promise en mariage par un père imbu de son autorité. Le prétendant officiel, prénommé Philippe, est un ami d'enfance d'Adèle, duc et pair de France, tout comme le père.

sent. Nous ne nous connaissons que de nom et, pourtant il me semble et, peut-être il vous semble aussi, que rien de ce qui nous arrive ne nous est plus indifférent ; le péril nous a rapprochés, j'attends votre réponse pour savoir s'il nous séparera. Vous voyez aussi bien que moi les dangers de cette tentative. Songez que si vous ne venez pas, je me marie ; et vous savez si je le désire. Un mari de la main de mon père me paraît un bourreau. Je ne veux pas avoir le sort de ma mère. C'est bien mal à une fille de se plaindre aussi amèrement de son père, j'en demande pardon à Dieu et à vous surtout qui souffrez de mes souffrances et que j'aime à en voir affecté. Je souffrirai tout avec courage et avec joie si je sais que vous pensez à ce que je vous ai dit. Adieu. Adèle.

Je voulais ne vous faire donner cette lettre que ce soir, mais en finissant, je réfléchis que ma bonne, sortant à quatre heures, pourra vous la remettre en se trouvant sur le chemin que vous suivez invariablement chaque jour, comme vous me l'avez dit. Mes genoux me font bien mal et mon oreille aussi. Ce soir vous donnerez votre réponse.

La résidence du père d'Adèle de M. manque évidemment de tranquillité pour des rendez-vous clandestins. Legrand écrit à sa mère le dispositif aussi ingénieux que discret qui a été mis en place pour que les deux amants puissent se rencontrer plus librement [1].

26 novembre 1839. Paris.

---

1. N.A.F. 14497, p. 19 recto-19 verso.

(Après le récit d'un cours de ventre [1] qui lui avait pris avec son père. Au verso :)

Cet accident qui me fit courir, la pluie sur le dos, depuis le faubourg Saint-Antoine jusque chez moi dans un état que je n'ose pas dire, après avoir été sur mes jambes depuis huit heures, et il en était trois, m'a empêché d'aller au concert. J'avais un billet de la Comtesse et je devais l'accompagner avec la Marquise [2]. Je m'en suis passé et je me suis donné de la peine pour m'excuser.

Mes entrevues du faubourg St-Germain sur lesquelles tu désirais quelques détails ne sont pas si faciles que je l'aurais cru ; à mesure qu'on revient de la campagne elle [3] se trouve plus retenue. Au lieu de nous voir la nuit, nous nous voyons le soir. J'y avais été le soir du samedi, veille de l'arrivée de mon père. Je ne sais que faire ; notre courage tombe au moment où nous en aurions le plus besoin ; car je vois bien que cela vient de moi et qu'elle résiste avec faiblesse, craignant de me faire croire qu'elle ne m'aime pas assez pour me sacrifier tout. Je veux l'aimer assez pour en avoir une autre afin qu'elle échappe aux dangers qui la menacent [4]. Il est si difficile de nous voir chez elle

---

1. C'est une diarrhée.
2. La comtesse est Antonia de Saulnois et la marquise sa cousine que Legrand désigne sous l'appellation de Amélie de S.
3. Adèle de M.
4. Pour donner le change au père, Legrand, d'accord avec Adèle, se pourvoira publiquement d'une maîtresse dont la fonction exacte est si bien déterminée qu'on l'appellera couramment « le Voile ».

que nous avons cherché un moyen et nous l'avons trouvé samedi et c'est aujourd'hui même mardi que nous l'avons essayé. Marie a loué un appartement de deux pièces dans la rue Louis-le-Grand, au second sur le derrière et elle l'a meublé ; tout cela avec l'argent de la Sainte-Catherine [1]. Le parent, je ne sais lequel, de la fruitière où j'allais chercher mes lettres y couche la nuit, car il ne rentre jamais de la boutique de ses parens que vers minuit quand ils ferment. Il ne nous rencontre jamais et est censé y demeurer pour n'éveiller nul soupçon. Mais Adèle est tellement engoncée dans un grand manteau avec un vieux petit chapeau à voile noir, qu'on la prendrait plutôt pour une vieille que pour une demoiselle de dix-neuf ans. Elle vient en citadine et on croit qu'elle va chez quelqu'une de ses amies ou plutôt qu'elle est dans son appartement. Pourtant nous ne sommes pas si bien que dans sa chambre, nous n'avons plus peur. Nous viendrons ici trois fois la semaine. Il est très joliment meublé et il n'y a que Marie qui ait les clés de la chambre ; le locataire en question ne peut y entrer. Si tu savais comme elle est embellie ; elle s'est entièrement formée et elle est contente ; on ne la tourmente plus.

En 1845, Legrand et Adèle de M. ont fait peu de progrès sur le chemin qui leur permettrait

---

1. Elle était la patronne des jeunes filles et on la fêtait le 25 novembre, ce qui donnait l'occasion de recevoir des cadeaux. « Coiffer sainte Catherine » concernait les jeunes filles de plus de 25 ans ; ce n'est pas à cette seconde coutume qu'il est fait allusion ici, puisque Adèle de M. serait née le 29 septembre 1820.

d'échapper à la clandestinité de leur liaison.
Depuis plusieurs années déjà, et peut-être dès
avant la mort de Juana, Antonia de Saulnois est
devenue la maîtresse de Legrand. Mais lui vit dans
le souvenir de Juana, et il ne se contente pas de
la ressemblance physique entre Juana et Adèle de
M. C'est bien plus qu'il exige et sans doute avec
conviction ; il est capable d'entrer en communica-
tion avec Juana qu'Adèle va bientôt réincarner. Il
est capable de bien plus même [1].

Adèle à Henry.
Valençay, le 20 juin 1845. Vendredi.
A Monsieur Henry Legrand, poste restante à
Toulouse.
Mon cher mari. Tu me pardonneras d'avoir
tardé si longtemps à t'écrire et à t'apprendre la
manière dont tu devais m'écrire ici. Mon excuse,
la seule valable, est que je ne voulais pas te laisser entrevoir mes craintes, folles peut-être, mais
vives assurément. Je puis dire aussi que certains
événements que tu vas connaître, me faisaient une
loi de la prudence la plus stricte ; mais tu me
répondras toujours que je pouvais t'écrire où je le
fais aujourd'hui et te recommander de ne pas
répondre, ce qui serait tout aussi prudent. Tu vois
donc bien que je n'ai que ma première excuse tout
juste. Tes lettres me manquent bien pourtant ! Si
tu savais comme nous relisons les anciennes Antonia et moi, et comme je suis heureuse qu'il n'y
ait qu'elle et moi au monde pour parcourir toutes

---

1. N.A.F. 14494, p. 91 verso-93 verso.

les notes de nos amours. Repasser dans ces angoisses mortelles où nous avons passé jadis, c'est presque un soulagement pour mes craintes actuelles. Qu'est cela en effet auprès de nos premières années ? des roses, des fleurs douces et fraîches.

Tu adresseras tes lettres à Valençay à Antonia, jusqu'au 16 juillet inclusivement, pas au-delà, et tu attendras ensuite nos explications ultérieures. Je pense, pour moi, qu'après Toulouse ce sera Alby ou Rhodez (sic) ; puis Béziers où tu trouveras sans doute la cousine d'Antonia [1] qui la fera arriver alors ; elle te portera sans le savoir, la suite de mes notes. Je t'en envoie une partie importante que tu mettras en livre aussitôt, laissant ce que tu voudras pour les mois de janvier et de février de 1845. Mot pour mot tu as ce que j'ai, songe à n'y rien changer pour cela ; c'est important, tu le vois. Je finis avec la recommandation que je crois la plus pressée ; Antonia te fournira le reste si j'en oublie. Je te parle à toi, mon amour, à présent.

Je suis tranquille ici ; on ne me tourmente guères, ou du moins ce ne pourrait être que par lettres. J'ai ici la compagnie d'Antonia qui me parle constamment de toi et de Juanna (sic), mon ange et mon modèle. Songe à mon bonheur ! Je tâcherai de l'avoir le plus souvent possible avec moi dans mon lit, et cependant il ne faudrait pas trop exiger ; ses amies la réclament aussi.

L'autre nuit, je couchais avec ma sœur et elle me dit : « Adèle, depuis que je suis mariée et que tu sais comment je fuis quelquefois la compagnie

---

1. La marquise Amélie de S.

de mon mari pour venir à toi ou à Julie, il m'est venu souvent en pensée que les Turques n'étaient pas si extraordinaires qu'on veut le dire. Je conçois bien que deux femmes aiment le même homme et se le disent. Crois-tu donc que je sois jalouse de toi ? nullement. Tu te rappelles ces scènes des Tuileries ; eh bien ! si je n'avais pas vu clairement que c'était toi que tout cela regardait, je me serais laissée aller à aimer ce jeune homme sans jamais en rien dire. Il n'est pas bien sûr même qu'il n'en ait pas été quelque chose. J'y pensais les nuits et je n'osais t'en parler. Je me suis souvent surprise à t'en vouloir de ne pas l'aimer et de ne pas le pleurer. »

Tu vois ? Je m'en doutais bien. Après tout, elle ne peut pas te comparer à son vieux mari. Elle me laissait deviner ses tourmens amoureux et ses souffrances ; puis elle ajouta :

« Il serait ton mari et je l'aimerais ; tu consentirais à me le lui laisser dire et il m'aimerait aussi que je ne serais pas jalouse de toi et que je concevrais que tu ne le fusses de moi. C'est ainsi sans doute que font les femmes turques. Deux amies doivent chercher à avoir le même mari : elles ont les mêmes plaisirs et le même abri. »

Ces paroles étaient la justification de notre amitié si dévouée et si ardente pour Antonia ; et je la conçois si bien que souvent quand je vois une bien belle femme, qui me paraît digne d'être aimée, je désire qu'elle aime mon Henry et le rende heureux. Cette abnégation de l'égoïsme amoureux, si général maintenant, vient sans doute de l'âme de Juana que je sens en moi, et de la reconnaissance que j'ai vouée à Antonia, ma sœur

127

chérie. Ces confidences de ma sœur n'ont pas appelé les miennes et j'ai retenu en moi ce que je sais pour lui éviter des peines. Je la crains en face de mon père. Elle serait à toi que je n'aurais pas peur ; mais ainsi ? oh non !

Ces pensées s'affermissent encore en moi par la lecture et la copie des lettres de Juana et de ses amies. Dans les plus indifférentes on rencontre cette abnégation généreuse qui s'efface devant celui qu'elle aime. Délicieuse idée ! Moi aussi je t'ai eu pour idée avant de t'avoir vu et en te voyant je t'ai reconnu aussitôt. On ne se trompe pas à des sensations si marquées, et quelle douceur quand on a le bonheur de les reconnaître. Il y en a qui disent que l'amour est une source de souffrances. Oh ! oui ; mais quand on met en balance le plaisir et le bonheur, même seulement en espérance, avec ce qu'on a pu souffrir, il n'y a pas à balancer, tout est en faveur de ce bonheur et de ces éclairs de bonheur. Tu vois bien, une heure près de toi me vaut une année de peines et me les fait oublier. Et puis, comment douter qu'un jour nous soyons unis ? En réfléchissant bien, je vois les obstacles s'aplanir de plus en plus ; notre constance nous les fera tourner ou surmonter. Mais quand ?

Hélas ! Mon Dieu, j'entends une voix intérieure qui me répond que ce sera peut-être quand nous aurons passé trente ans tous les deux ; quand nous ne pourrons voir nos enfans que dans notre vieillesse. J'aimerais tant à voir ma fille à présent ! Vois, elle aurait huit ans si l'on nous avait mariés de suite et j'en ai vingt-quatre. J'aurais donc trente-deux ans quand elle pourrait se marier. Je lui trouverais un bon petit mari qui l'aimerait bien comme tu m'aimes, et c'est là le paradis qui est réservé à la femme. Du malheur tant qu'on voudra pourvu qu'il ne me vienne pas de toi. C'est à rendre folle de penser au bonheur d'être sans cesse près de toi, à chaque instant. Tu arriverais, et j'irais t'embrasser. Je ferais la sieste dans mon boudoir dont toi seul as la clé ; tu entres doucement et tu me réveilles par un baiser. Je repose après le bain dans un peignoir en pensant à mon amour, tu viens et tu baises mon sein qui va au-devant de toi. Et à chaque instant et toujours, et sortir avec toi au bras, et toutes les nuits me coucher toute la nuit sans crainte à tes côtés. Sentir mon ventre grossir, fécondé par toi, et te dire en me couchant : tiens Henry, baise la maison de ton enfant. Et puis ensuite : prends garde de lui faire mal. Et soigner mon sein rempli de lait pour lui. C'est une folie ! C'est un délire, et Dieu ne me le refusera pas, tu verras ! Je l'attendrai ; Juana me le promet en moi. Elle doit te le dire sans doute.

Je t'envoie une partie des notes que j'ai ici ; tu pourras toujours les copier et les mettre en volume ; les précédentes changeront sans doute d'après tes notes exactes et tu les auras quand tu reviendras à Paris ou bien, si nous le pouvons, nous nous en occuperons en Espagne, à Séville ou ailleurs. Je suis bien aise de pouvoir mettre quelque ordre dans mes souvenirs, si précieux pour nous, afin que plus tard nous puissions relire ensemble ces récits succincts de nos souffrances et de nos bonheurs. Ta mémoire pourra aider la mienne en ce qui nous concerne et ce sera toujours cela de retrouvé. Antonia m'aide pour ce qui s'est passé depuis notre liaison, et elle a une lucidité d'expression qui m'aide beaucoup ; je n'ai presque qu'à l'écouter et à écrire ce qu'elle dit.

Je vais quitter de t'écrire, ange, mes idées prennent un cours que je veux arrêter aussitôt. Antonia va continuer cette lettre et me traiter de folle parce que j'ai pleuré. Ce n'est pas folle qu'il faut dire ; mais tendre, mais craintive. Je ne suis même plus folle d'amour ; c'est un sentiment profond et réfléchi qui n'a pas les intermittences de la passion ou de la folie ; c'est devenu une partie de mon être et ma vie me quittera avant cet amour d'épouse.

Mille baisers, mon Henry. Pense à moi et écris-moi. Ta femme. Adèle.

[A la suite, sur une autre feuille, de la main d'Antonia [1].]

Adèle de M. n'a plus seize ans comme au jour où elle rencontra Legrand pour la première fois. Elle en a maintenant vingt-six et insiste auprès de son père pour épouser Legrand. Mais le père est plus intraitable que jamais, comme en témoigne cette page du journal tenu par Adèle de M. et fidèlement recopiée en caractères cryptographiques [2].

---

1. Cette lettre figure au début de la préface sous la référence N.A.F. 14494, p. 93 verso-94 recto.
2. N.A.F. 14495, p. 176 verso.

10 octobre (1846). Samedi. Hier, vendredi, 9 octobre, a eu lieu ma dernière tentative, elle a échoué. Mon père était furieux. Tout est perdu ! Je n'ai plus de courage à rien, ma vie s'en va ! Et Antonia ? Quel courage pour moi ! Quand mon père lui lança ces mots cruels ! Ma mémoire s'obscurcit, et je crois que je deviens un peu folle, en vérité, si ma main n'était pas accoutumée à ceci, de sorte que je le fais machinalement, je crois que je ne pourrais pas même écrire du tout. Mon cerveau paraît un vase rempli d'eau, non, d'huile bouillante, et chaque battement de mon cœur agite cette masse hirviente *(sic)*. Je ne sais plus le mot. J'accuse mon père ! Et je suis bien sûre qu'il est dans un état pire que le mien. Pauvre père ! Est-ce lui qui a tort ? Raisonnablement parlant. Bien des jeunes filles de mon rang ont aimé des jeunes hommes que leur famille leur a refusés ; elles ont beaucoup pleuré, elles se sont désespérées, j'en connais une qui s'est même empoisonnée et qui a été sauvée, et puis elles se sont toutes mariées ensuite, et je les vois grasses, brillantes, charmantes, avec des enfants charmants, et leurs amants sont sans doute mariés aussi. Voilà ce que pense mon père, et ce que je sais aussi bien que lui, puisque le courant de mes idées m'y a amenée au milieu de nos désespoirs. Mais, moi, serais-je de même ? Je ne le crois pas. Voilà dix ans que je connais Henry, je me sens capable du sacrifice immense que je vais consommer pour son bonheur et ma tranquillité ; ainsi je ne pense pas que mon amour s'affaiblisse. Ce qu'il aurait fallu, c'est qu'Antonia eût pu se marier avec lui. J'y avais songé l'année dernière, mais aujourd'hui j'y vois

131

un obstacle insurmontable dans ce qu'a dit mon père.

C'est une chose bien étrange que ce préjugé de la noblesse ! Nous sommes, il est vrai, de la première famille authentique de France, même avant les Bourbons ; mais nous avons eu des ancêtres qui ont passé pour rebelles et ont combattu les rois devenus plus tard légitimes. Il est vrai que mon père dit que cette fidélité aux branches tombées était déjà une preuve de suprême loyauté ; mais il y a d'autres familles peut-être plus brillantes dont l'histoire est remplie de méfaits et de crimes ; et vraiment, pour ma famille, j'aimerais mieux un roturier. C'est cependant ainsi. Et le Roi ? Que n'a-t-on pas dit sur lui ? — Où vais-je m'égarer ?

Il me revient qu'une nuit Henry me disait que, si nous nous mariions, j'aurais peut-être des regrets de certaines choses du monde. Ainsi, je n'aurais pas de titre, je perdrais même ce titre de duchesse que j'ai maintenant le droit de prendre dans ma famille. Puis le monde blâmerait cette union disproportionnée, et si mon père ne voulait pas me donner de dot, je me trouverais bien gênée. Peut-être qu'alors je me trouverais, sinon malheureuse, au moins ennuyée. /.../

V

Le Cercle

Legrand est remarquablement sinon pathologi-
quement constant dans sa recherche d'une seule
femme, d'un seul amour, celui de Juana. A partir
du moment où Adèle entre dans son jeu à lui, si
l'on peut dire, c'est-à-dire s'identifie avec Juana
et, de leur point de vue, devient Juana, il est bien
évident que Legrand a retrouvé ce que la mort de
la Castillane lui avait fait perdre. C'est donc un
véritable culte de Juana qui s'établit, nous l'avons
vu, sur fond religieux et même chrétien. Dieu est
invoqué constamment comme sont invoquées un
certain nombre de valeurs telles que l'honneur, la
pureté, ou encore la chasteté. L'hiatus que nous
pouvons percevoir entre le comportement que
Legrand et son entourage prétendent avoir et les
valeurs qu'ils invoquent continuellement n'existe
pas pour eux, comme le prouve suffisamment cette
sorte de ménage à trois qui s'est instituée entre
Legrand, Antonia et Adèle de M. Mais il y a peut-
être plus extraordinaire encore car, petit à petit
à partir de 1839, s'est créé autour de Legrand un

cercle très intime, le Cercle. Adèle de M. n'en fait pas tout de suite partie, alors qu'Antonia en sera la clé de voûte, car elle a connu Juana.

Le Cercle[1] est une société secrète à l'intérieur de laquelle Legrand est le seul amant hétéro-sexuel de ses neuf membres : neuf femmes, toutes aristocrates et toutes bisexuelles. Antonia restera « présidente » du Cercle jusqu'à sa mort en juin 1847. Legrand, bien entendu, cache habilement l'identité des personnages. Aux côtés d'Antonia de Saulnois, on trouve la marquise Amélie de Saul-nois qui serait sa cousine ; la duchesse Caroline de Dino dont Legrand prétend qu'elle a un fils de lui, prénommé Henri, né le 3 février 1846 ; la vicomtesse Louise de Long., appelée aussi le Lutin, qui aurait également une fille de Legrand, prénommée Henriette, née en 1845 ; Henriette de Ste. Aldeg. appelée aussi le Cygne ; et la der-nière des Françaises, Marie d'Osmond. Outre les Françaises, il y a aussi des Espagnoles : la com-tesse Ximena (Chimène) Vasquez de Miranda ; la marquise Dolores de Villafranca ; Iñez de Castro, aussi désignée sous le nom de Iñez de Sevilla.

Le Cercle a ses structures de recrutement, d'ini-tiation, de déroulement des séances avec ses rites et ses mythes. Mais le Cercle a aussi ses fonctions : fêtes et anniversaires y sont célébrés ; la plus grande liberté sexuelle y règne ; et le soir, par l'intermédiaire de l'ange Juana, on appelle les absents.

---

1. Dans un autre ouvrage, *le Cercle amoureux d'Henry Legrand* (Paris, Gallimard, 1979), nous publions les let-tres du Cercle pour la première moitié de l'année 1845.

*Mais laissons Legrand évoquer lui-même la nais-
sance et la vie du Cercle* [1].

Henry au cercle entier.
Madrid, 31 décembre 1845. Madame, Madame
la Comtesse Antonia de S. rue du Faubourg-St-
Honoré [effacé], rue d'Anjou Saint-Honoré, n° —
à Paris, Francia.

[Deux feuilles doubles fines de caractère ; cire
rouge avec l'empreinte d'un real de plata. — porté
al Correo, le 31 à 9 heures et affranchi de 11
quarts.]

Mes sœurs chéries,
j'ai reçu votre gentille lettre qui m'a bien rassuré sur le sort de mes belles voyageuses et leur
charge de baisers, et surtout sur la santé si précieuse de ma Caroline et de son enfant. Ainsi
toute crainte s'est évanouie et je puis librement et
gaiement vous dire ce que je fais ici et combien
je vous aime ! Vous le savez bien, cependant l'envie me prend de vous dire aussi pourquoi je vous
aime. C'est une envie de babiller avec vous qui me
servira presque d'acte de présence au milieu de
vous. Comment pourrais-je mieux employer cette
soirée jusqu'à l'heure du courrier ? Et puis je suis
bien sûr que cela ne vous fera pas de peine du
tout ; bien au contraire, n'est-ce pas ? Antonia
sans doute trouve moyen d'excuser l'absence de
nos visions. Ce n'est pas par ma faute, c'est Juana
qui me garde pour elle toute seule et je dois lui

---

1. N.A.F. 14496, p. 136 recto-138 recto.

obéir et toutes, vous m'approuverez. Déjà, j'en suis sûr, Cygne vous a conté toutes ses joies et Iñez toutes ses peines ; mais enfin toutes deux sont revenues au même point, sur les genoux et dans les bras de Dolores. Que toutes ces aventures sont bien providentielles ! Et qu'il faudrait être impie et déraisonnable pour ne pas reconnaître le doigt de Dieu et les prières de Juana dans cet enchaînement de choses inespérées et si divines ! C'est pourtant toi, Antonia, qui as rendu tout cela possible et sans toi, je n'aurais jamais osé accepter un pareil voyage. Et si tu savais ? Tu le sauras ! Combien j'ai eu à souffrir ! Il a fallu avoir encore du courage. Mais vous étiez là au bout, et près de vous je ne craignais plus rien. Ne sentais-je pas ce gentil Cigne *(sic)* qui riait de plaisir et encourageait Iñes. Et tu avais raison, mon Cigne, puisque la voilà de retour. Bien souvent j'ai eu des moments de chagrins et de désespoir : bien souvent j'aurais appelé la mort, si je n'avais pas eu là dans mon esprit ces images de bonheur que votre souvenir porte avec lui. Ah ! mon Dieu oui. Je n'ai qu'à penser à vous pour qu'aussitôt les idées trop tristes s'évanouissent et se changent en une douce mélancolie, telle que doivent l'éprouver les amants malheureux quand ils se retrouvent dans le paradis. N'est-ce pas notre Juana qui nous donne ce bonheur ? Sans doute. Ces délices ne sont pas de la terre et ne se devinent que dans le ciel. Si, d'un autre côté, je considère comment notre cercle s'est formé et quelles difficultés nous avons eues à vaincre, je vois encore la main de Juana qui voulait vous rendre heureuses et moi en même temps puisque c'était moi que vous aimiez.

Voyez plustôt *(sic)*, Antonia m'aimait de m'avoir vu aimé par Juana. Il a fallu que son mari mourût et la laissât libre de devenir ma femme. Elle est revenue à Paris avec toutes les lettres et tous les écrits de Juana et, en me les lisant, sa bouche faisait passer en moi le feu qui la dévorait. Mais ce bonheur était si grand que je n'osais l'espérer. Aussi fallut-il, ma noble Antonia, que tu me le déclarasses dans cette délicieuse soirée où, seule avec moi dans ton joli boudoir, tu me pris les mains et t'inclinas vers moi, en me laissant voir une partie de ce sein qui nous rend fous à présent. Nous nous promîmes d'être sages ; et il y allait de ton bonheur, tu sais bien ! Mais quel pas immense ! Nous nous étions dit que nous nous aimions ! Pendant ce temps-là, notre pauvre Caroline se mariait, cédant aux instances de sa famille et aux protestations de son futur mari ; mais peu après, et heureusement avant qu'elle eût cédé à l'amour de son mari, elle recevait les confidences d'Antonia en même temps que sa sœur, notre belle blonde, et elle n'avait plus certes envie de céder jamais. Te rappelles-tu cette soirée donnée pour que nous nous vissions, et les séduisantes paroles d'Antonia, et toi, ma Caroline, le danger auquel j'eus le bonheur de t'arracher avec tant de hasard, quand ta robe de bal prit feu à la cheminée du petit salon d'en haut où tu pensais à moi, et que j'arrachai violemment la jupe tout entière, découvrant des charmes adorés et te portant dans mes bras sur ton lit ? Comme tu me couvrais de doux baisers ! Tu devins ma femme et tu m'emmenas dans la chambre d'Antonia. Là se trouvait ma belle Henriette, à peine voilée par un peignoir qu'elle croisait à grand-peine sur son sein. — Beau Cygne, tu nous avais vus nous embrasser et ces caresses avaient éveillé en toi des désirs brûlans qui dormaient. Tu baisas ta sœur pour apaiser tes désirs et elle te fit approcher de moi. Alors commença le cercle, lorsque vous avouâtes à Antonia et à Amélie votre amour et qu'elles vous avouèrent le leur. Pas de jalousie ; vous avez reconnu aussitôt Antonia pour reine et nous avons formé le cercle sans savoir alors, certes ce qu'il deviendrait. — Toi, Amélie, tu dirigeais et tu appris à nos vierges innocentes ce qu'elles désiraient de leur amant. Tu es la première qui se soit donnée tout à fait à moi, et dans les bras d'Antonia, ma voluptueuse ! Et quelle surprise quand Antonia s'aperçut qu'elle avait à me donner ce qu'elle aurait voulu me réserver et qu'elle pensait avoir perdu avec son mari. Qu'elle fut heureuse ce jour-là ! Te le rappelles-tu, ma belle Comtesse ? — Et toi, Louise, qui vins avouer à Antonia que tu résistais à ton mari parce que, depuis ton mariage, tu en aimais un autre ! Et cet autre c'était moi ! Tu te souviens de l'adresse avec laquelle elle s'assura que tu ne serais point jalouse de tes sœurs ; et puis on tint le terrible grand conseil. Je te vis. Je consentis. Et ce terrible conseil t'accepta et te présenta à moi. Tu te rappelles ton émotion quand Cygne, ta blonde amie, t'amena au lit du cercle et comme tu tombas pâmée dans mes bras ? Mon charmant Lutin ! Quelle perte ç'aurait été pour nous si nous ne t'avions pas admise ! Toi seule as une petite fille et tu es notre sublime poète ! Alors le noyau était formé et on s'occupa du salon et des robes et des portraits. — Dolores venait toujours

138

chez Antonia. Elle connaissait l'amour de Juana notre reine et Antonia me montra à elle. Tu étais seule, belle, amoureuse, et tu m'aimas sans doute parce que Juana m'avait aimé et que tu voulais être heureuse comme elle. Te souviens-tu de cette soirée où mes sœurs te laissèrent seule avec moi et où tu abandonnas voluptueusement ta tête sur mon épaule en t'évanouissant sur le sopha ? Nos sœurs te déshabillèrent, et, en revenant à toi, tu te trouvas demi nue dans mes bras et tu te laissas conduire au lit où tu me rendis si heureux ! Toi, Chimène, tu vivais chez Antonia, tu aurais fini par voir quelque chose, on te parla et tu vins dans mes bras en me priant d'aimer la sœur de Beatriz. Je n'avais pas besoin de cette prière, je t'avais vue au bain avec Dolores et tu n'avais qu'à venir. — Pour ma petite Marie, nous nous connaissions avant qu'elle fût grande fille. Qui m'aurait dit, petit démon, que tu serais ma femme et que tu me donnerais à baiser avec amour ce petit sein que je voyais pousser ? Comme je t'ai fait danser sur mes genoux !

Toi, par exemple, tu avais deviné à peu près le cercle et tu pensais bien qu'Antonia et Cygne m'aimaient. Aussi comme tu priais ton amie de t'admettre au salon où n'entraient que les initiées, et comme tu te jetas à son cou quand elle te montra que ta robe de sœur était faite d'avance ! C'est que, vois-tu, il n'y avait pas à s'y tromper et nous savions bien tous que tu étais amoureuse depuis le jour où tu étais venue dire à l'oreille d'Antonia : je suis femme ! et que tu n'osais plus venir à moi comme auparavant ; mais tes yeux y venaient, mauvaise ! et quand j'arrivais de bonne heure et que je ne te voyais pas au salon, je demandais tout de suite si tu étais malade. C'était seulement ton cœur. Sitôt qu'on a été sûr de ta discrétion, on t'a donné ta robe faite d'avance, et tu as su ce qu'étaient pour moi tes sœurs bien-aimées. Quelle joie le jour de ta réception ! Tu ne l'oublieras jamais, ni moi, sois-en sûre. Je te vois toujours entrair (*sic*) sous ta robe claire, les cheveux tombants et conduite par ton Cygne jusqu'à moi. Quelle émotion voluptueuse quand tu tombas dans mes bras et que, restée seule au milieu de ce paradis avec moi, tu me dis tout bas et en croisant tes bras sur ton sein : Henri ! m'aimez-vous ? et quand je t'eus donné un baiser en te répondant : je t'aime ! comme tu m'enlaças avec amour en me disant : et moi donc ? je suis folle ! quelle douce nuit ! — Iñes, tu es la dernière étoile qui est venue prendre place dans notre ciel. Tu n'avais pas trop pleuré quand on t'avait laissée chez Dolores et tu avais tant de sympathie pour Marie que tu ne la quittais que quand elle venait au cercle. Elle te parlait toujours de son ami Henri et elle te le fit tellement aimer, qu'une nuit que tu couchais avec elle chez Antonia, tu lui avouas tout en larmes que tu aimais celui qu'elle aimait et tu en étais désespérée : tu la croyais jalouse. Elle te consola, te caressa et vint nous dire qu'elle te proposait formellement pour neuvième sœur parce qu'elle t'aimait autant que Cygne aimait le Lutin et que tu m'aimais assez pour être dévouée et discrète. On t'a dit combien les débats furent longs ; on ne doutait pas de toi ; mais on craignait ton rappel immédiat ou tout au moins prochain en Espagne et c'eût été une cruauté de te faire goûter

140

du paradis pour te laisser reprendre ensuite par l'enfer et le désespoir. Marie pleurait et nos sœurs suppliaient Antonia et Dolores de trouver un moyen de te faire rester à Paris ; et tu sais ? ce moyen a réussi complètement cette année. Tu as bien pleuré ; mais tu as eu autant de baisers que tu as versé de larmes. Et ce fut Marie qui m'amena sa jeune sœur et comme elle était triomphante ! et comme tu étais charmante ! et chaste dans ton amour. Comme tu remercias Dolores de ton bonheur ! Tu es heureuse à présent, n'est-ce pas ? Et tu n'as plus de crainte de voir finir soudainement ton bonheur ! Comme j'attends avec impatience le récit que tu dois écrire de ton amour et de ta déception ! Tu te le rappelles et tu sais que nous y tenons. On mettra cela sur le livre du cercle.

En ce moment, mes Sœurs, je vous sais toutes réunies autour du lit de notre maman — Caroline — et écrivant chacune votre lettre d'amour pour votre ami absent ; en ce même moment, moi, j'écris ces mots et ces souhaits d'amour et nous les aurons ensemble. Que puis-je vous souhaiter autre chose que ceci : aimez-vous et vous m'aimerez ; invoquez notre ange et vous ne deviendrez point jalouses et nous serons toujours heureux. Pour toi en particulier, Caroline, je te souhaite une heureuse délivrance et les soins de nos sœurs. Pour moi, j'espère bien arriver pour ce moment et embrasser le premier mon enfant et sa mère ; sois comme Louise. Vous toutes, je vous envoie mille baisers et je soupire de regret en pensant à tous ces charmes divins qui sont à moi et se livreraient à moi cette soirée si j'étais à Paris. Au

141

moins nous aurons la vision et j'espère bien que votre foi sera assez puissante pour m'amener jusqu'à ce salon céleste où vous m'attendez. — Votre mari qui vous embrasse. — Henri.

Et toi, Lutin, n'oublie pas notre Henriette [1], j'espère bien qu'elle te demandera, ainsi qu'à sa jolie marraine, où est son ami. Quand dira-t-elle son père ? Elle est sans doute là endormie dans quelque fauteuil ; et tu la couves du regard.

[Cette lettre dut partir le même soir de Madrid.]

Bien que Legrand et ses amies du Cercle vivent dans la déviance autant sexuelle que religieuse, ils font montre en même temps d'un conformisme frappant en se plaçant d'eux-mêmes entièrement à l'intérieur de la norme sociale de l'époque. Ceci se note dans les relations de parenté qu'ils s'inventent. Les femmes du Cercle se disent sœurs entre elles, et elles ne sont pas les maîtresses de Legrand, mais ses femmes, tout comme elles l'appellent leur mari. Que l'on se situe sur le terrain de la religion ou de la parenté, la déviance instituée ne l'est qu'en fonction d'une norme qui est à la fois honnie et valorisée, comme en témoignent cette lettre d'Adèle de M. [2].

---

1. C'est bien sûr la fille de Legrand et de Louise qui est ainsi désignée et non Henriette dite le Cygne.
2. N.A.F. 14494, p. 51 verso-54 verso.

Adèle à Henry.

Mon cher petit mari. Depuis que tu es parti je suis allée chez Antonia et à Luciennes ; j'y ai vu ses amies et sans doute un peu aussi les tiennes. J'en suis charmée au dernier point. Henriette, le Cygne, y était et nous avons joué comme on m'a dit que tu le savais, aux barres à cheval dans le parc et dans la plaine. Antonia a dévasté son verger pour nous toutes et j'ai eu le plaisir de parler la langue de Juana avec la mère de Josefa [1] et une jeune et jolie Sévillane qu'elle regarde comme sa fille. Il me semblait que dans ces lieux si jolis, où Antonia me disait que tu étais maître, je respirais le même air que toi et cela me mettait à l'aise. J'avais l'air d'être chez moi et d'en faire les honneurs à des amies. Antonia m'a bien embrassée, va. Quand donc pourrai-je te recevoir avec elle dans mon château ? Dans celui qui m'est destiné, je le sais, par mon père, et qui doit appartenir à mon mari, c'est-à-dire à toi. Je ne pense plus à rien, je suis heureuse, je suis libre quand je suis chez Antonia. Chez moi, je suis comme dans un filet de fer, serrée de manière à ne pas pouvoir remuer. Eh bien, cette contrainte a des charmes pour moi ; c'est pour toi que je souffre et puis ensuite je me hâte de me distraire afin de rester belle toujours et j'y réussis en lisant les lettres et les écrits de Juana. Je trouvais bien du plaisir à rester dans ma petite chambre de l'autre hôtel où j'avais tant pleuré, tant souffert, tant resté pri-

---

1. Adèle de M. a appris l'espagnol pour mieux incarner Juana. Josefa était une amie d'enfance de Juana.

sonnière ! Si Dieu nous unit un jour, quand nous serons mariés, je voudrais y habiter, seulement pour que tu vinsses en maître où tu étais venu en cachette. Mon Dieu ! comme j'ai pleuré dans cette maison ! Eh bien ! je suis bien contente de moi, car malgré tout je n'ai jamais haï mon père et je l'aime encore. Je te dois la moitié de cette satisfaction et l'autre moitié à Juana. Je ne passe jamais dans ce quartier sans me rappeler tout aussi nettement que si c'était hier. C'est un battement de cœur qui n'est pas sans charmes. Comme tu vois, on dit que la foi rend superstitieux, cependant je ne craindrais pas que l'habitation de cet hôtel me rendît malheureuse.

J'ai consenti à aller à la campagne ; on m'annonce que j'irai à Valençay. Bien que j'y craigne un peu la foule à cette saison, j'y aurai assez de liberté pour m'isoler autant et si longtemps que je le voudrai. Quand j'aurai fait ma course quotidienne à cheval, je me renfermerai chez moi et penserai une heure environ à ce que j'écrirai : si je n'ai pas l'esprit très libre, je copierai les lettres de Juana, car je suis au courant de nos lettres ; si je me sens bien disposée, je continuerai ma partie de *Don Juan*. Je profiterai aussi de ces moments de liberté de campagne pour étudier les difficultés de piano que je veux faire comme Juana. Je suis assez contente de mes arpèges, mais le passage des quatre doigts sur la même note est si difficile que je n'y ai pas fait de progrès satisfaisant. Antonia m'a mis aussi aux fugues et je les répète toujours pour arriver à lire à livre ouvert toute espèce d'accompagnement comme ma Juana. Selon ton désir je n'abandonnerai pas la harpe ; j'ai au

144

contraire bien envie de m'y perfectionner encore depuis que j'ai vu dans ses lettres qu'elle avait commencé sur cet instrument. Je chanterai bien aussi, tu verras, et tu seras bien content de m'entendre te chanter comme elle la ballade d'*Obéron*. Tu m'aimeras tant après cela que tu en deviendras fou. Je suis bien folle moi. Je passe peut-être un peu pour telle ou du moins pour exaltée.

A propos, j'oubliais de te dire ce que j'avais justement le plus envie que tu susses. Un peu après ton départ, dans une soirée intime, on lisait quelques poésies et on en vint à parler d'illusions, de foi et de superstitions. Comme assez de personnes faisaient les esprits forts sur les visions et autres effets de la foi exaltée, je me mis à dire, avec un peu de vivacité, que je ne défendais pas qu'on appelât cela de l'exaltation, mais que je niais positivement *(sic)* qu'il y eût folie, au moins dans le commencement. Il suffit de s'entendre sur la valeur des mots. Je sais bien que certains esprits trop expansifs et trop faibles ne résisteraient pas à une pareille épreuve et deviendraient réellement fous. Ces choses qui, toutes naturelles qu'elles sont, sortent pourtant de l'ordinaire, demandent le secret et ne sauraient vivre au grand jour, exposées aux doutes sarcastiques du premier (venu) ; tandis que, les conservant précieusement dans notre cœur, elles nous font assurément plus heureux et nous rendent sans doute meilleurs. Ne le sais-je pas par moi-même ? Ces idées, développées avec assez de rapidité, de vivacité pour montrer que ce n'était pas la première fois que j'y pensais, attirèrent toute l'attention sur mes paroles ; mon prétendu surtout ne déguisa pas l'intérêt qu'il prenait à mes paroles, spécialement quand je disais, en répondant à Louise, qu'il n'y avait pas que les morts qu'on pût évoquer ainsi. Je m'en tins là, remarquant la stupéfaction des auditeurs car on devait voir que j'étais convaincue et je finis en leur disant que peut-être croyais-je ainsi parce que j'avais conservé plus que les autres quelques fortes convictions religieuses. On parut se payer de mon explication et mon prétendu seul sembla conserver des doutes. Il est devenu très sérieux ; moi, j'étais avec lui de plus en plus enjouée et ce fut la seule circonstance où je m'animai pour une chose qui peut avoir, dans son esprit, quelques rapports à l'amour. Avec lui, s'entend, car avec les autres je ne me gêne pas pour m'abandonner à la mélancolie.

Avant d'être animée par l'âme de Juana, j'aurais certainement soutenu mon assertion par mon exemple, et ç'aurait été une grande maladresse. Je pense ici que sans doute il y a eu d'autres personnes que nous qui ont eu ces visions ; les unes, esprits forts, ont cru avoir été folles pendant ce moment de faveur céleste ; d'autres, comme nous, n'ont rien dit de peur de voir tout s'évanouir. Tu dois savoir cela, toi qui parles à Juana avant de venir à moi, il y a sans doute des anges comme elle qui viennent sur la terre revoir les objets de leur affection sans que ceux-ci s'en doutent. Ils ne les voient pas parce qu'ils n'ont pas la foi nécessaire pour les appeler. Il y a pourtant quelque chose comme cette foi répandu dans le monde, car l'histoire en parle toujours et on appelle ces temps-là des temps d'ignorance ; nous qui avons vu, nous les nommons des temps de

146

vraie science. Alors la science ne coulait pas comme l'eau du ruisseau.

Antonia est toujours belle et t'aime toujours. Elle m'a apporté avant-hier la dernière liasse des lettres de Juana et j'en ai déjà lu une bonne partie. Elle t'aimait bien et elle a bien souffert. Tiens, je dis cela et pourtant on lirait ce que j'ai souffert, moi, dans le commencement de mon amour, qu'on se tromperait bien en me croyant une femme excessivement malheureuse. Quand on aime, tu le sais bien, il n'y a qu'un malheur possible, ne plus être aimé ; toi, tu m'aimais toujours, je le savais bien. Je pleurais loin de toi, mais un baiser me payait mille fois toutes mes larmes. Quand j'ai été malade, ce n'était pas la peur que tu ne revinsses plus, c'était la crainte de la mort ; je ne voudrais pas te laisser ainsi. De même, Juana a toujours cru à ton amour ; elle est morte aimée ; jusqu'au dernier moment elle a espéré, elle allait être ta femme : le temps d'aller en France ; morte, elle s'est vue ce qu'elle est et elle a pu te préparer petit à petit à ses visites délicieuses. Sans elle, tu ne m'aurais pas aimée ; sans elle, à présent nous ne nous verrions pas chaque nuit. Je ne sais pas si alors je pourrais vivre. Viens toujours, mon mari.

Compte toujours sur mon courage, je résisterai passivement et mon père y renoncera. D'ailleurs pense que je vais avoir vingt-quatre ans. Je suis une femme. En vérité, il me semble que si mon père venait à découvrir notre (liaison) il serait capable de me tuer ; et pourtant quelque chose que je ne puis ni m'expliquer ni t'expliquer, me dit qu'il a des soupçons continus sur toi. Dis-moi ;

147

s'il savait tout et qu'il fît exprès de nous laisser ainsi dans l'incertitude pour se dispenser de nous marier ? Tiens, je suis folle. Il me semble, parce que je sais tout, que tout doit savoir que je t'ai écrit, que je vais dans notre maison bien souvent. Tiens, le jour que je t'ai vu sur le boulevard, au coin de la rue Laffitte, si on avait regardé mon visage, on aurait dû voir que je t'aimais ; car ta vue me fait l'effet du soleil sur une fleur.

Adieu, mon bien-aimé, à bientôt. Ne me laisse pas trop languir dans mon veuvage [1]. Je te pardonne tout cependant. Mais Antonia s'ennuie beaucoup aussi. Elle devait arriver à temps pour mettre quelque chose, mais elle ne vient pas et Marie attend.

Reçois nos baisers et surtout ceux de ta femme chérie. Adèle.

Paris, 22 septembre 1844.

Au cours de leurs voyages respectifs, Adèle de M. et Legrand sont séparés mais les « visions » leur permettent de se retrouver [2].

Henry à Adèle.
Bagnères-de-Bigorre, mercredi 4 juin 1845.
Madame la Comtesse Antonia de S. rue d'A., à Paris.

---

1. Le mot est employé figurativement. Adèle de M. est seulement séparée de Legrand pendant son voyage.
2. N.A.F. 14494, p. 84 recto-86 recto.

[en dedans de l'enveloppe :]
Pour Adèle.

Ma chère petite femme, tu vois que j'ai suivi tes conseils, je loge à Bagnères et même sur le cours des Coustous, et je puis voir à chaque instant ces arbres qui t'on abritée, toi qui m'aimes tant ! Je me suis même figuré, ce qui est un peu trop ambitieux, que j'étais dans ta chambre. Je ne veux rien éclaircir de peur de perdre mon illusion, comme ton amie. Il ne faut pas maintenant prendre tous mes rêves pour des visions parce que Dieu a bien voulu m'en donner une véritable ; et perdre cette croyance me ferait bien du chagrin. Il fait un bien mauvais temps, il ne fait pas chaud ; je suis brisé de ma course d'hier, eh bien je suis content à cause de cette idée-là. Elle m'enlève tout le mal comme si tu étais là toi-même. Je te la dirai plus tard quand je ne craindrai plus la désillusion. Tu la connais peut-être déjà, ange, par nos visions.

Je suis allé hier à pied à Lourdes avec une petite pluie jusqu'à la moitié du chemin, tu le connais. En voiture jusqu'à Argeles ; de là à Cauterets que j'ai visité ; je suis revenu dans une voiture particulière qui m'a mené à St-Sauveur. J'ai couru à Gavarnie ; le soir, tard, j'étais à Barèges à pied. Les torrents avaient crevé la route. Dès le matin du lendemain, et hier, j'étais à tenter le passage du Tourmalet. Trop de neige et la pluie commençait. Elle ne me quitta pas jusqu'à Lourdes où j'arrivai vers les quatre heures, mouillé comme un poisson. J'allai en cabriolet jusqu'à Bagnères. Mais j'ai vu tout ce que tu as vu, cela me soutenait dans ma course et j'en suis venu à bout, grâce à ton souf-

149

fle qui me poussait. Demain je verrai la vallée de Campan. Toujours seul avec toi. Tant pis s'il pleut, j'irai cependant.

Comme ta petite lettre de Pau m'a fait plaisir ! C'étaient surtout ces petites confidences intimes que j'aimais voir arriver entre nous ; ces petits babillages qui sont de l'essence du ménage. Tu m'avais déjà parlé des idées de Clémentine [1] : il est bienheureux pour elle qu'elle ait trouvé cette illusion. Son mari, s'il le savait, devrait en remercier le ciel ; mais il est probable que sa femme ne le lui dira jamais. Au moins elle aimera ses enfants. Ils auront sans doute les traits de leur mère, ou ces jolis visages vagues et indécis comme l'idée qu'elle a qui la fait heureuse et amoureuse. Je te vois, mon petit ange, la regarder en vous couchant, comme à sa première grossesse et lui demander ce qu'elle sent ; caresser son sein qui s'emplit de lait et tâter ses lèvres d'amour pour savoir comment elles deviennent. Elle doit sourire doucement et te laisser faire en t'embrassant. Tu as les traits du visage et tes charmes si frais qu'elle ne peut se douter que tu es femme comme elle, et que tu pourrais aussi voir ton ventre grossir et tes mammelles se gonfler. Dieu veuille qu'elle le sache bientôt comme elle sait que tu aimes ; ce serait le signe certain que notre mariage pour le monde approcherait. En a-t-elle parlé à ton père, de ses projets et de la résistance ? Le roi s'en est-il de nouveau occupé avec elle ? Cela ne laisse pas que d'être intéressant pour nous.

---

1. C'est la princesse Clémentine d'Orléans, fille de Louis-Philippe.

Tu as bien fait d'aller à cette soirée que tu devinais ennuyeuse. Je parie qu'avec ton parti pris tu t'y es amusée. Ce sont souvent les moments où l'on croit s'ennuyer le plus que l'on s'amuse le mieux. Je désire qu'il en ait été ainsi ce soir-là. Ton père le désirait, c'était une raison pour le faire. Il faut le mettre de bonne humeur ; tu sais que c'est un moyen d'y être toi-même ; puis notre cher voyage n'en ira que mieux.

Tu ne me parles plus de ta sœur ? Tu as donc une grande confiance dans son dévouement ou son indifférence ? Son mari, bon ! lui, ne sera pas là constamment ; mais elle ? Que va-t-elle dire ? Tu comptes sans doute te réfugier sous l'aile d'Antonia ? Je crois que tout cela peut aller bien ; mais je crois aussi qu'il faut beaucoup de prudence et d'adresse.

Sans doute tu te portes toujours bien, tes lettres ne trahissent aucun malaise chez toi : d'ailleurs, tu aurais beau te taire, je suis sûr qu'Antonia, dans notre intérêt, ne manquerait pas de m'en avertir. Tu étais dans une meilleure assiette d'esprit, n'est-ce pas ? en écrivant ta lettre au milieu des apprêts de ta toilette. Oui, ma petite femme, quand tu le pourras, donne-moi de ces petits détails de ta vie habituelle qui me font croire que je suis parvenu au comble de mes vœux : à être ton mari pour le monde. Antonia t'y fera penser. Je l'en charge. Et puis tout cela se lie admirablement avec nos charmantes visions et il me semble presque que je ne t'ai pas quittée. Surtout, et c'est seulement en ceci qu'il ne faut pas écouter Antonia, surtout ne te contrains pas ; dis-moi tout. Que ta lettre pleure si tu es triste ; qu'elle rie si tu es heureuse ; qu'elle gronde si tu es en colère contre moi. Je désire que tu ries toujours. Assurément ta peine m'affecte ; mais c'est égal, j'aime mieux cela que te voir ou te deviner me cachant quelque chose. D'ailleurs je pourrais presque te défier de me cacher quelque chose. Tu souffrirais.

Pour moi, si je te cache ici quelque chose, ce n'est pas pour longtemps et tu le sais déjà par nos visions peut-être. Seul ainsi toujours, au milieu de figures nouvelles et indifférentes, je ne peux pas faire autrement que d'avoir des moments d'ennuis (sic) ; toujours pendant le jour où au commencement de la soirée ; mais en ce moment où je suis sûr de respirer l'air que tu respirais vierge et aimante, je me sens comme chez nous et je me figure mille idées agréables et qu'il dépend de toi de réaliser. Je te vois là comme tu étais alors, pâle, souffrante, mais toujours avec cette taille délicieuse et ce port gracieux fait pour rendre fou un prince ; moins belle qu'à présent, mais bien intéressante. Toujours pensant à ton pauvre ami qui t'attendit à Paris comme il va t'attendre à Burgos. Conçois-tu mon bonheur ? A cette époque, étais-je bien certain qu'en 1845 je pourrais te voir encore ? Non. Je ne mettais pas ta sincérité en doute, je ne pensais à rien de précis, mais je n'aurais pas espéré un pareil bonheur. J'en jouis pourtant. Je suis un ingrat de me plaindre ; et dans le fait, ce n'est que pour toi que je prie et toi seule est (sic) digne de tout le bonheur que tu désires. Tu l'auras un jour, va ; ayons confiance.

Antonia ne te quittera pas pendant tout le voyage. Au moins vous pourrez parler de moi. Surtout couchez toujours ensemble que je puisse me rendre près de vous comme maintenant. Sais-tu que c'est une grande consolation. Et ici ce n'est pas comme pour d'autres choses : plus nous nous servons de cette voie, plus elle est facile ; ici l'habitude accroît la foi et crée réellement en nous une seconde nature. Juana y est pour beaucoup aussi : elle se trouve bien en toi. Où pouvait-elle trouver une âme et un corps mieux disposés pour recevoir l'âme et les traits d'un ange ? Nulle part. Tu avais déjà tous ses charmes secrets, charmes que moi seul pouvais reconnaître avec Antonia ; quant aux traits du visage, ils ne pouvaient changer qu'à la longue : tu seras toujours Adèle pour tout le monde, et pourtant tu auras les traits de Juana. On dira ce qu'on dit : que tu as changé ; mais on ne trouvera pas cela extraordinaire et on ne saura pas pourquoi. Mais je t'en prie, fais refaire ton portrait à la fin de ce voyage et compare avec ton premier et tu verras. Tu as les traits de Juana à dix-huit ans ; tu as l'air bien plus jeune que ton âge et tu es devenue forte et toujours mignonne comme Juana. Tu ne me le dis pas mais je parie bien que tu remarques qu'on fait attention à toi. D'ailleurs ne m'as-tu pas dit que le Prince [1] t'avait paru très pressant et que tu avais employé Clémentine pour le faire retirer ? Tu vois bien !

Voilà une bien longue lettre ; mais je sais qu'elle ne t'ennuiera pas plus que les tiennes ne m'ennuient. Adieu, mon bel ange, mon Adèle bien-aimée ; embrasse bien Antonia pour moi. Tiens, quand vous vous embrassez pour moi, que

---

1. C'est-à-dire l'un des fils de Louis-Philippe.

ce soit le soir avant l'heure de la vision ; dans le lit ; tenez-vous embrassées, vos seins l'un contre l'autre, vos ventres palpitant l'un sur l'autre, vos cuisses enlacées et vos lèvres unies dans un long baiser. Remplissez mon désir et appelez-moi ensuite. Ton mari dévoué. Henry.

Tu m'écriras vers Toulouse, ce sera le plus sûr car je ne sais pas le temps que je resterai à St-Bertrand[1]. Mille baisers à toutes deux, mes femmes chéries.

Antonia forme méticuleusement Adèle de M. à être le tabernacle « de l'âme et du corps de Juana ». Du vivant d'Antonia, Adèle de M. ne fera pas partie du Cercle, mais il n'est pas trop tôt pour la préparer à faire son entrée. Et comme cela se passe régulièrement au Cercle, il faut qu'Adèle sache « faire l'histoire » de quelqu'un, ce qu'Antonia va se faire un plaisir de lui apprendre. Mais « faire l'histoire » a ici une signification aussi précise qu'inattendue. C'est, pour deux personnes engagées dans un rapport homosexuel ou hétérosexuel, faire l'amour ensemble en s'imaginant chacune que l'autre est une troisième, celle dont il s'agit précisément de faire l'histoire[2].

Adèle à Henry.
Antonia.
Paris, mardi 20 mai 1845. Monsieur Henry Legrand, poste restante à Bordeaux.

---

1. L'abbaye de Saint-Bertrand-de-Comminges est à vingt-trois kilomètres de Luchon.
2. N.A.F. 14494, p. 79 recto-80 verso.

[Timbrée de Paris le 20, à Bordeaux le 22 et prise le vendredi 23]. (affr.)

Mon cher petit mari, cette fois, nous sommes toutes deux là, Antonia et moi, et chez elle et non chez moi. Elle m'y a emmenée exprès et elle a bien fait, car je ne sais quelle lettre je t'aurais écrite de ma chambre. Elle serait bien triste sans sa présence à mes côtés. Ici je suis plus tranquille, mes craintes me quittent. Antonia veut en vain m'en empêcher. Il faut que je te conte mes peines, à qui les dirais-je, sinon à toi ? N'es-tu pas mon petit mari pour partager mes tourments comme mes plaisirs ? Je veux tout te dire. Si j'ai tort, si je devine mal, eh bien ma prochaine lettre te le dira ; mais au moins tu auras su que ta pauvre petite Adèle a été malheureuse pendant quelque temps. Antonia me dit que mes craintes m'exagèrent le danger ; mais moi, qui suis accoutumée aux manières d'agir de mon père, je sais très bien à quoi m'en tenir ; je vois bien sur sa figure qu'il doit savoir quelque chose de nouveau sur nous. Et tiens, veux-tu que je te dise ? Il se pourrait faire que M. Leclerc [1] lui en eût parlé, peut-être sans penser à mal, et que lui, rapprochant ce voyage inattendu de mon insistance à partir avec Antonia et de mon courage à apprendre l'espagnol, ait tout de suite deviné mon motif caché. Pardonne-moi, mais pourtant puisque c'est vrai il peut bien l'avoir surpris. Nous croyons bien nous cacher et peut-être ne le sommes-nous bien que dans notre appartement nuptial. Oh ! celui-là, vois-tu, s'il le

---

1. Nous ne savons pas qui est ce personnage.

savait, je m'en apercevrais le lendemain. Il n'est pas possible que mon visage ne trahisse pas quelquefois l'amour que j'ai pour toi. Et tiens, Antonia me disait encore tout à l'heure que mon père devait bien se douter que je lui cachais une affaire importante, car il pouvait remarquer que mon humeur suivait la sienne, surtout depuis qu'il est question de ce voyage ; et les élans de la curiosité seule ne sauraient donner à un visage cette pâleur mortelle ou cette animation surnaturelle. Mais malgré l'empire assez fort que j'ai sur moi-même, il m'est impossible de m'en empêcher ; et, vois un peu, mon père m'en parlerait positivement en face que toute mon assurance me reviendrait aussitôt. Songe qu'il s'agit ici de sauver non seulement mon bonheur, mais aussi le tien, mon ange chéri.

Que ces nuages n'assombrissent pas trop ton voyage, mon bien-aimé mari, tu as besoin de toute ta liberté d'esprit. J'espère que tu obtiendras facilement tout ce que tu vas chercher à Bordeaux ; l'archevêque te recevra bien, j'en suis persuadée. Quel malheur que ta pauvre petite femme ne puisse pas te servir de son crédit ! J'en avais envie cependant, mais Antonia m'en a empêchée. Elle a eu raison comme toujours, n'est-ce pas ? Adieu, mon bien-aimé, je t'aime. Je n'ai pas la force de t'en écrire davantage et je vais me jeter sur la dormeuse d'Antonia pour penser amoureusement à toi.

Mille baisers sur ta bouche et sur ta poitrine. Ta femme. Adèle.

Je laisse la plume à Antonia et vais contempler les portraits de Juana.

[Ce qui suit est sur la même lettre et de la main

d'Antonia. Elle avait écrit lentement, cela se voyait au caractère.]

Mon Henry bien-aimé, Adèle est bien triste aujourd'hui ; mais autant que je puis le juger à l'état de son sein, je dois en attribuer la moitié à l'amour qui la tourmente. Il est vrai que son père est un peu de mauvaise humeur et a paru se mieux disposer pour le prétendant ; il a aussi fait quelques demi-allusions que, franchement, j'ai prises aussi comme à ton adresse. Heureusement je sais très bien être à l'abri de ses soupçons ; il croit que j'ignore entièrement son amour pour toi et même votre connaissance ; cela me donne de l'assurance et me permet de surveiller bien des choses qu'il me cacherait sans cela. Eh bien ! je crois que nous nous exagérons le danger, et pour te dire un mot de ses soupçons sur ton patron, je crois qu'il n'en est rien. Après une nouvelle comme celle-là, et dans les dispositions d'esprit que nous lui supposons, il est certain que son père serait venu me voir aussitôt et m'aurait demandé s'il était vrai que tu partais en Espagne. Il ne l'a pas fait : c'est qu'il ne le sait pas.

Que ce voyage se passe sans encombre, je ne crois pas qu'on puisse l'espérer. Mais il se fera et vous vous rencontrerez, c'est une chose qu'on peut dire humainement certaine. Ne te laisse donc pas abattre comme Adèle, et espère avec confiance. Sois tranquille, toutes mes dispositions sont prises en conséquence et je serais bien malheureuse de ne pas réussir. Je vous défendrai en tout cas.

Il y a une chose que nous savons toutes deux,

c'est que, arrive ce qu'on voudra, nous nous aime-
rons toujours ; et quand on s'aime, vois-tu, on
réussit toujours à se revoir, parce qu'on a l'esprit
constamment tendu de ce côté. Rassure-toi, et
attribue plutôt à l'amour qu'à la crainte les
moments de tristesse de notre charmante Juana.
Je la nomme ainsi, parce qu'en réalité, il est
impossible, en jugeant sans préjugés anti-croyants,
de ne point être frappé de la ressemblance. Ses
pensées, son dévouement, son amour, sa bonté,
son esprit, tout me rappelle l'âme de Juana. Et
quand elle sort du bain ou se couche nue avec
moi, l'illusion est complète : je suis persuadée que
je la fais coucher à Tolède dans la chambre de
Juana, qu'elle tourne à demi son visage, et que
Laura jette un cri de surprise en croyant retrouver sa maîtresse chérie. Adèle croit quelquefois
que je cherche à lui faire plaisir quand je lui dis
tout cela ; cependant tu le lui as dit aussi et elle
se rappelle bien le geste de surprise qu'a fait
Dolores à sa vue ; j'en connais la raison, c'est
qu'elle avait surtout son port, sa taille, son regard
si fier et si doux ; au fait tu te rappelles bien que
tu étais à ce dîner et il n'était pas étonnant qu'elle
eût le regard si doux : elle brûlait d'amour. Une
seule chose pourrait la convaincre : ce serait de
se comparer avec un portrait nu de Juana. Mais
c'est impossible et il faut bien qu'elle s'en rapporte à nous. Je compte beaucoup sur Laura, et
je tiens à ne la voir la première fois qu'en sa compagnie, pour qu'elle ne dise pas que je l'ai pré-
venue. D'ailleurs Laura ne s'y prêterait pas.

Tiens ! mon Henry bien-aimé, si tu étais ici en
ce moment, tu frémirais d'amour : Adèle est là

sur ma causeuse, étendue nonchalamment, les yeux tellement fixés sur le portrait de Juana qu'elle semble se mêler à elle-même. Pour ne pas chiffonner sa robe, elle a pris ma robe blanche du matin ; son joli petit sein est découvert et palpitant, sa main le serre et l'autre s'étend sur sa cuisse découverte ; d'ici j'entrevois ses hanches que tu serres avec tant de volupté ; j'entrevois un peu de son jardin d'amour. Va, tu serais bien fou si tu la voyais. A ce soir, tu viendras, et je te répéterai cela pour qu'elle te caresse bien.

C'est moi qui vais te demander si ton air, quand tu viens le soir, est ton air ordinaire, ou si tu n'es pas un peu remis parce que nous sommes là. Disnous aussi si tu rencontres une jolie femme qui te regarde tendrement : nous ferons une histoire avec elle. En vérité, je crois que la langueur d'Adèle passe en moi ; je vais finir ma lettre et aller me jeter près d'elle.

Je te baise mille fois, mon ami, mon amant. Ta femme. Antonia.

Nous comptons bien que cette lettre te trouvera à Bordeaux.

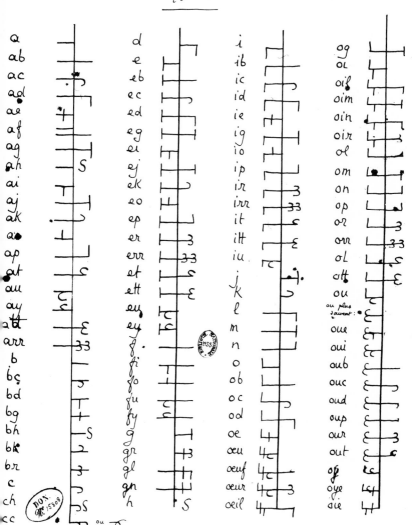

1-4. Décodage autographe par Pierre Louÿs
du chiffre « sanskrit ».

p
ph
pl
pr
q
r
rr*}
ṡ
sc
sp
st
t
tt
u
ub
uc
ud
ue
uei
ueu
uig
ui
uit
rio
uoi
v
w
x
y
ʒ

La voyelle a, en composition, s'unit rarement par la droite comme il est indiqué à la page précéd[ente] aux signes marqués d'astérisques. Elle se joint généralement à gauche, et, par dérogation à la règle normale du chiffre, elle saute la ligne médi[ane]

ab
ac
ad
aʒ
ag
al
am
an
ap
ar
at

Les accents aigus et graves s'indiquent comme dans l'alphabet latin. L'accent circonflexe se rend par deux po[ints]

â : —
ê : ⊢
ô : L
û : C

2

Toute lettre isolée comporte néanmoins une barre verticale à la place de la ligne médiane. Cette barre s'inscrit au dessous de la lettre

a ⌐

ℓ ⊓ à l'exception de l'u : ᴄ

La ponctuation est analogue à la ponctuation latine, avec quelques différences :

le trait d'union (—) = les points suspensifs (....) ⋮
le tiret (—) |
l'apostrophe (') — la virgule (,) ⟩
le point d'interrogation (?) ᴄ. le point (.) .
le point d'exclamation (!) —.

Le mot et s'écrit par un signe spécial : ᕐ

L'h s'inscrit toujours à droite du signe collectif auquel elle appartient, quelle que soit sa place dans l'ordre des lettres.

Ex: bonheur : 🈁 S (t Ⅵᵉ, p. 125 ℓ 6)

Autant que possible, les diphthongues s'écrivent sur une seule ligne horizontᵉ.

Ex : lieues : ꜰ⊓ (1. Ⅵᵉ, p. 143, ℓ 11.)

sœur : ꜰ⊐

Les chiffres sont ordinairement les 9 premières lettres de l'alphabet grec, suivies du zéro

On les écrit de deux façons, en majuscules assez altérées, et en minuscules correctes :

1	⊽ ou ⊼	α
2		β
3		γ
4	⋈	ꝺ
5		ε
6		ζ
7		η
8		θ
9		ι
0		o

Mais il y a des chiffrages plus complexes, avec d'autres lettres grecques le digamma, le Koppa, le sampi, etc. ou avec des systèmes de numération appartenant à d'autres langues orientales

5. Le titre général de l'ouvrage donné par
Henry Legrand se lit ainsi : Mes pensées
d'amour et
de gloire.
Pour Adèle.
Histoire
des femmes
que j'ai
connues.
Legrand
Henri
1846.

6. Portrait d'Adèle. Legrand avait l'habitude de réserver dans ses livres des pages destinées aux illustrations ; bien qu'inclus dans le livre consacré à Adèle Deslauriers, nous pensons qu'il s'agit ici du portrait d'Adèle-Juana.

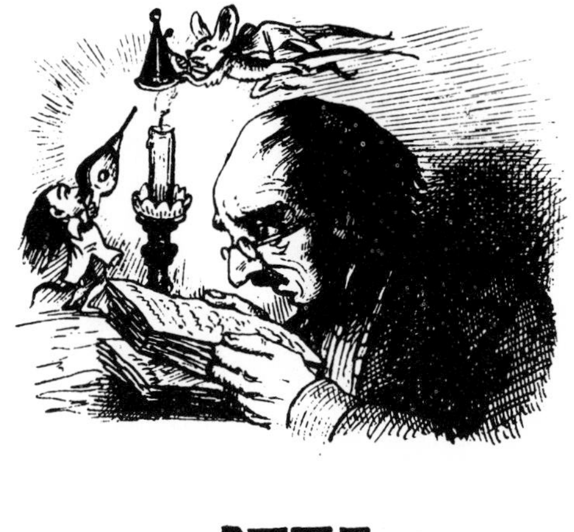

7. Tête de chapitre illustrée.

8. Tête de chapitre illustrée avec une belle
lettrine qui doit s'interpréter : « Quel ».

9. Fin de chapitre illustrée; on remarque la disposition de l'écriture pour servir de cadre au dessin et dont chaque ligne commence par le mot « elle ».

10. Fin de chapitre illustrée en grotesque.

11. Début de chapitre dont le titre est en caractères dits sanskrits et le texte en caractères dits arabes.

12. Dessin hors-texte qui figure à la table sous le titre : Le naufrage du Prince, en plein océan.

13. Ce dessin hors-texte reçoit dans la table
le titre : Monastère de Mégaspiléon, Arcadie.

14. Dessin hors-texte présenté à la table
sous le titre : Pont du Campo-Dolcino,
Grisons.

15. Hors-texte figurant à la table sous le titre : Suisse. Ile Saint-Pierre. Maison de J.-J. Rousseau.

16-17-18. Trois pages de rébus dont Legrand donne la solution dans le texte et que nous avons transcrite.

Fig. I.

129.

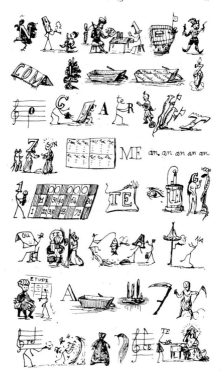

19. Page de signatures; on y remarque
particulièrement celles de Dumont et de
Duflos, notaires à Beauvais, et des père et
mère d'Henry Legrand.

20. Chiffre "arabe" en haut, "sanscrit" en bas.

VI

Voyage en Espagne

Sans faire partie du Cercle, Adèle de M. en fréquente régulièrement tous les membres. Antonia et les femmes du Cercle s'appliquent, s'obstinent même à donner à Adèle le plus de ressemblance physique et morale possible avec Juana. La ressemblance bientôt ne suffit plus et c'est l'identité qui est recherchée. Afin d'y parvenir, Adèle de M. entreprend en 1845 un voyage en Espagne. C'est plus qu'un simple voyage mais un véritable pèlerinage sur les lieux qu'avait fréquentés Juana. Voici ce qu'on trouve dans le journal d'Adèle de M. à la date du vendredi 31 octobre 1845 [1].

(octobre 1845 ; vendredi 31...) (Journal d'Adèle)
...Marie fait entrer Laura [2] qui nous voit couchés ensemble. Je lui donne ma main à baiser

---

1. N.A.F. 14495, p. 130 verso.
2. Rappelons que Marie est la servante d'Adèle de M. et que Laura avait été celle de Juana.

parce qu'elle la cherche et, sans le savoir, je découvre mon sein droit ; Laura pousse un cri et nous montre un signe tout petit que j'ai près de l'aisselle ; Juana avait ce signe. Je ne puis m'empêcher de fondre en larmes et je me jette dans les bras d'Henry. Marie ni moi, ni Antonia n'avions jamais remarqué ce signe et je me rappelle maintenant qu'il y a une lettre de Beatriz[1] à Juana où elle signale ce signe comme une beauté.

Ce voyage en Espagne est non seulement un pèlerinage mais aussi un moyen pour Legrand et Adèle de M. de se retrouver plus librement qu'en France et autrement qu'en vision. Dans une lettre envoyée à sa mère, Legrand écrit ce qui suit[2].
(Henry à sa mère ; novembre le 7 nov. 1845, Tolède)
... Si vous saviez comme elle parle bien espagnol et comme Juana, bien doucement, bien harmonieusement et tout si bien que Laura reste quelquefois un bon quart d'heure à la regarder me parler et me dire ce que nous ferons. Quand je me suis réveillé, je ne savais pas où j'étais, j'ai eu un moment où ma tête s'en allait, faute de se reconnaître ; ce qui m'a ramené, car j'avais peur, ç'a été Laura qui est entrée avec le chocolat comme autrefois ; sans quoi je ne sais pas ce qui serait arrivé. Je sentais bien les bras d'Adèle autour de moi. Elle dormait profondément avec ses grands cheveux sur le lit et je la prenais réellement pour Juana et j'avais peur. Je suis pourtant

---

1. Beatriz avait été une amie d'enfance de Juana.
2. N.A.F. 14497, p. 191 verso.

bien habitué à la voir ; mais je me sentais éveillé et ce n'est pas la même chose. Tout était tellement confondu dans ma tête que je n'aurais pas été capable de les distinguer un instant. Je l'ai réveillée tout doucement et elle a été moins surprise que moi parce qu'elle m'a reconnu, elle, elle a pris le chocolat des mains de Laura comme si elle faisait cela tous les jours...

Tout le voyage qu'il fit avec Adèle de M. sur les lieux mêmes où avait vécu Juana est décrit par Legrand en « scènes », ce qu'il appelle des Escenas. Voici d'ailleurs ce qu'il écrit dans une note préliminaire au tome 2 de ses manuscrits [1].

A présent continuent les Escenas et elles changent de lieu. Jusqu'ici c'était bien en Espagne, mais dans une ville et dans une maison neutres ; c'était bien Adèle-Juana, mais comme dans une auréole étrangère. A présent, c'est Tolède, c'est son berceau, c'est sa maison, sa chambre, son lit, cet autel où elle allait prier, cette madone ornée de ses mains et dont la broderie était inachevée ! Tout ce qui peut rendre fou ! Et Laura rayonnante au milieu de tout cela, Laura qui va prendre Henri par la main et le fait entrer dans ce sanctuaire d'amour, en lui disant : Elle va venir ! Est-ce un rêve ? Non. Elle vient. Dieu l'a renvoyée à son mari et il lui est impossible de séparer, dans cette divine apparition, ce qui est Adèle et ce qui est Juana. C'est sa longue et épaisse chevelure ; ses yeux, voilés de ses longs cils soyeux,

---

1. N.A.F. 14495, p. 4 recto-4 verso.

abaissent un regard plein d'amour sur son mari ;
elle parle de sa voix grave et douce comme la
harpe des anges, lui dit :

« Je t'attendais, mon ami. »

Est-ce illusion ou réalité ? Qui peut le savoir ?
Dieu ; mais la foi les guide.

Maintenant leur avenir se dégage des nuages qui
le cachaient à leurs yeux, et au moment où ils
écrivent des Escenas, aux premiers jours de 1846,
il ne reste plus qu'une nuée, une brune, une Niebla[1] ; on peut espérer et on peut craindre ; elle
peut se dissiper et elle peut s'épaissir. Tout deux
y pensent : lui, ne peut pas se figurer le mari de
cette ange-femme qui avait jadis un frère et a
maintenant un père pour la défendre à son mari.
Elle, elle espère avec foi et croit fermement au
succès de la tentative ajournée[2].

Tolède, Tolède ! Ville sainte qui as marqué une
nouvelle ère dans la vie des deux amants, ville
qui les as sanctifiés et as achevé et assuré la trans-
formation de l'épouse. Hélas ! Hélas ! Que va-t-il
arriver et que va contenir ce volume ? Copieront-
ils tout jusqu'à la fin ?

Il y a aussi à chaque scène une lettre de la
famille ou des amies d'Adèle. Ces lettres, qu'il
fallait anéantir pour le monde et conserver pour

---

1. « Niebla » signifie « brouillard », mais Legrand
l'emploie au sens de « nuée » ; c'est aussi le titre du
tome 2 (N.A.F. 14495). On pourrait penser que Legrand
a écrit « brune » pour « brume » ; mais il n'y a aucune
surcharge et nous pensons qu'il désigne plutôt la tombée
de la nuit par le terme archaïque « brune ».

2. Cette tentative sera la demande en mariage faite
par Legrand au père d'Adèle.

eux resteront là comme l'explication permanente de bien des changements d'humeur d'Adèle. Aujourd'hui de l'espérance et demain de la tristesse. Qu'y a-t-il donc, mon Dieu, derrière cette nuée ?

Voici un exemple de ces Escenas [1].

Escena en Toledo.
Tercera.
Toledo, 8 de Noviembre de 1846. Adèle, Antonia ; Henry.

[Il est huit heures du soir et Adèle est seule avec Antonia dans la chambre de Juana. Elles mettent en ordre leur correspondance de France et attendent Henry que Laura est partie chercher.]

ADÈLE. — Conviens, Antonia, que notre projet est hardi et qu'il faut avoir passé ces années si dures et si cruelles pour se sentir le courage de le mettre à exécution ; n'est-ce pas vrai ?

ANTONIA. — Au moins, en cas d'échec, il vous réserve le bonheur de vous voir.

AD. — Et c'est tout.

ANT. — C'est beaucoup. Mais pour lui, rester toujours ainsi isolé ! Quelle vie désespérante ! Songeons-y !

AD. — Oh ! Oui, j'y pense, et toujours. Nous allons tenter la fortune cette fois ; et puis plus

---

1. N.A.F. 14495, p. 14 verso-17 recto.

tard, si nous ne le pouvons pas ; toi... ah ! Tu ne peux pas, toi !

Ant. — Je sais à quoi tu penses en ce moment.

Ad. — A quoi ? Voyons.

Ant. — A la Murillo [1] de notre Henry.

Ad. — C'est vrai ! Tu devines. — Au fait, pourquoi pas ? Elle est belle, autant que moi ; elle est espagnole ; elle doit être bonne avec sa figure angélique et sans doute elle appartient à une bonne famille. Mon Dieu ! pourvu qu'il ne retrouve point par là ce qu'il a rencontré chez moi. Il me semble qu'il serait heureux avec elle et qu'elle l'aimera. Ce que je désire, c'est qu'elle soit assez isolée pour qu'on ne tourmente Henry d'aucune manière et qu'elle puisse aussi devenir sa Juana.

Ant. — Tu demandes beaucoup. Mais si elle était jalouse ?

Ad. — Oh ! Va ! Non. Elle ne le sera pas : elle est belle.

Ant. — Nous tâcherons de la connaître en revenant, dis.

Ad. — Oui, certes ; et nous verrons si elle est digne d'être sa femme.

Ant. — Quelle chose singulière ! Qui lui aurait dit, à cette jeune fille, que son mari viendrait de France et la rencontrerait ainsi par hasard dans la rue d'Alcala au moment où elle allait ren-

_____

1. Bien que nous ne sachions pas pourquoi, c'est Carolina Perez de Molina qui est désignée sous le nom de « la Murillo ». Comme nous le verrons plus bas, c'est elle que Legrand finira par épouser à l'instigation des femmes du Cercle. Il est important de ne pas confondre Carolina (Perez) et Caroline (de Dino).

trer ; et puis, c'est tout : il ne la revoit plus. Mais qui te dit qu'il réussira à lui parler et à s'introduire chez elle ?

AD. — Moi, qui l'y engagerai et lui dirai qu'elle doit être ma sœur.

ANT. — Et si ton père consentait en revenant d'Andalousie, que ferais-tu d'elle ? Si elle aimait Henri enfin ?

AD. — Va, je ne l'abandonnerais pas et je ne voudrais pas qu'elle pût me reprocher son malheur : elle viendrait avec nous.

ANT. — Attendons, va ! et laissons les événements se grouper seuls.

AD. — Beaucoup aiment ainsi. Va ! Et la jalousie chez la femme n'est pas l'indice de l'amour, comme on le dit, mais seulement de désirs insatiables. Je lisais, tiens, une lettre de Caroline de Dino et j'y trouvais avec bonheur ces sentiments que je veux t'expliquer. Tu verras que je ne suis pas seule à aimer ainsi ; et toi-même ?...

ANT. — Oh ! Moi, ne suis-je pas toi et Juana ? Ne m'avez-vous pas imprégnée pour mon bonheur de cet amour dévoué qui seul est digne d'être offert à Henri ? Va ! Je suis toujours aimée de notre angélique Juana et elle nous rend plus parfaites, tu sais ?

AD. — Je vais te la lire, tiens, afin que tu juges toi-même si j'ai raison et si je juge bien mes amies. En attendant Henry nous la lirons et cela me donnera occasion de placer cet extrait dans mes livres et tu les copieras, comme tu as commencé déjà.

ANT. — Je t'écoute Adèle.

AD. — Henri la saura aussi. Je n'ai rien à lui cacher. La voici, tiens.

Caroline à Adèle.

Valencay, Juin 1845. Adressée à Bordeaux à mon adresse.

« ... Tu sais, ma chère amie, si Henriette et moi nous voulons ton bonheur ; eh bien ! quand on vient t'accuser d'insensibilité, non, nous ne pouvons le croire. Assurément on se trompe. Est-il possible, franchement, que tes beaux yeux pleins de langueur amoureuse n'aient pas à dire : je t'aime, à quelqu'un ? Vivre toujours seule, est-ce permis à celle qui est si belle ? Tu ne comprendrais donc pas le suprême bonheur qu'un homme attend de toi ? Non, je ne t'ai jamais crue insensible, et j'ai toujours lu dans tes traits, l'assurance de ce sentiment si doux que j'éprouve et que tu dois éprouver aussi. On a beau dire, je ne connais pas ton amant ; mais si tu ne le connais pas toi-même, au moins s'est-il révélé à ton cœur en secret et tu le cherches constamment. Deviné-je bien ? Hein ? Que tu n'aimes point ton fiancé, je n'en doute pas ; après la réception que tu lui as faite ici, il faudrait être folle. Mais n'y a-t-il pas dans ce monde un jeune homme que tu aurais vu de loin ou de près, je ne sais où, je ne sais comment, et qui aura fait battre un peu plus vite ce petit cœur prétendu insensible ? Si, n'est-ce pas ? Je me rappelle bien cette douce agitation qui te prit quand je t'expliquai dans le parc, mon bonheur d'être mère et le délire que j'éprouvais en pensant que dans sept ou huit mois je verrais cet enfant qui maintenant remue ainsi mes entrailles. Tu te rappelles cette quasi-explication que tu me demandais en t'étonnant qu'ainsi, je puisse me retenir d'être toujours et sans cesse au cou

168

de mon mari : tu vois bien que tu sens vivement cet amour divin que je veux te dire ! Eh bien, ma bonne Adèle, il y a peut-être en moi, pour motiver cette conduite, un de ces doux secrets que tu as aussi, toi. Sans doute, quand nous en serons aux confidences, je te dirai un jour ce que je tais à présent. Si tu allais trouver en Espagne, celui après qui ton cœur aspire ? Tu as appris l'espagnol, ce serait presque une prévision secrète, et en vérité, je te la souhaite ; c'est désirer certainement ton bonheur. Sans doute vous êtes encore arrêtées à Bordeaux, ou du moins ma lettre vous suivra à Bayonne. Ainsi vous aurez eu mes adieux avant de quitter la terre de France. Caroline de D. »

Tu ne diras pas qu'elle ne voit pas clair. J'ai peur qu'elle ne fasse part aux autres de ses découvertes à ce sujet.

Ant. — Ne crains rien, mon ange ! Elle est discrète et t'aime ! Elle saurait tout qu'elle t'embrasserait sans même te le dire.

Ad. — Il faut donc que j'aie l'air de bien aimer, dis-moi ?

Ant. — Regarde-moi donc ces yeux-là, dans ce même miroir qui a réfléchi ceux de notre Juana, et réponds-toi toi-même.

Ad. — Ecoute... C'est Laura et Henri qui entrent.

Ant. — Je m'en vais donc !

Ad. — Oh ! Non ! Un peu avec nous !

Ant. — Dans le jour, oui ; mais la nuit, non. Ici tu es Juana et je détruirais votre illusion, mes anges, moi qui l'ai commencée.

169

AD. — Alors un baiser et je vais prier. —
Adieu.

[Moment de silence. — Adèle à genoux. —
Henry entre doucement et ne dérange pas sa
femme. — Laura sort silencieusement et va rejoindre Antonia.]

AD. — Tu es là ?
HE. — Je te contemplais.
AD. — Un baiser.
HE. — Il est tard. Tu m'as attendu, dis ?
AD. — Avec impatience, mon ami. Tu vois
que je mettais mes lettres en ordre et Antonia
m'aidait. Elle n'a pas voulu rester pour nous laisser complètement seuls, avec nos souvenirs si
chers. Moi surtout qui suis étourdie par leur multitude. Oui, mon ami, rien de ce que je vois ici
ne m'est inconnu ; je me souviens, je me rappelle.
Tous mes rêves de jeune fille se pressent dans
ma tête ; ces dix années se lient comme une inter-
ruption de dix jours seulement, et tu es là, Henri,
comme la réalisation de tout le bonheur que, jeune
fille, j'ai pu désirer. Passy et Tolède, ce sont mes
deux points extrêmes de bonheur ! Ici j'étais une
enfant aimante, là-bas, je t'ai vu, et, tu sais ? je
fondais à ta vue et t'aimais.
HE. — Parle, parle, ma Juana ! Ta voix est
comme une musique délicieuse à mon oreille et tu
nous rappelles des souvenirs si doux !
AD. — Un baiser ! Mon Henri. — N'est-ce pas
que tu te souviens aussi de tout ce que je te dis
là.

170

HE. — Je me rappelle bien cette soirée délicieuse où, à Passy, nous sommes restés deux heures sans parler, à nous regarder tous les deux.

AD. — Il y a de ces instants où l'âme est tellement pleine qu'elle empêche l'esprit de pouvoir
saisir et comprendre ces délices et la langue de
les exprimer.

HE. — Je les ai éprouvés aussi, va ! Tiens,
quand je t'ai vue avec Antonia dans la cour du
Correo, à Madrid ; je sentais que ce ne pouvait
être que toi. Et aussi, combien de fois, en lisant
des histoires de Tolède, des histoires d'amour,
ai-je pensé que mon bonheur était dans une de
ces maisons ? Et c'était vrai ! Sans Juana, je ne
t'aurais pas connue.

AD. — C'est la vérité ! A elle, à mon âme, je
dois mon bonheur !

HE. — Et te voilà ici, où je ne devais pas
espérer de venir, et nous sommes seuls, et je vais
dormir dans tes bras ! J'en deviendrai fou, assurément !

AD. — Défais-moi mon cordon et tiens ! —
Méchant ! Ne baise pas mes épaules !

HE. — Elles sont à moi.

AD. — Tout est à toi, mais aussi attends que
je te permette. — Là ; couchons-nous.

HE. — Es-tu bien ?

AD. — Oui. — Tiens ; papa devrait nous marier
et nous laisser ici. Nous y resterions bienheureux,
au milieu de souvenirs si mélancoliques et si doux.

HE. — Mon bon ange ! Ne m'abandonne pas.

AD. — T'ai-je abandonné, la première fois ?
Dis ! Ne suis-je pas là ? Et maintenant n'as-tu
pas rencontré, dans Madrid, une jeune fille qui

171

t'a regardé comme je t'ai regardé autrefois ? Et toi, ne t'a-t-elle pas frappé ? Avoue.

HE. — C'est vrai !

AD. — Eh bien ! Tu la reverras si le sort nous est contraire ; et seulement alors. Elle est là sur une cime, prête à s'incliner vers toi si je dois encore changer de forme. Il faudra lui inspirer encore mes pensées. — Moi, t'abandonner ! Oh ! non, assurément. Je suis ta vie comme tu es la mienne. Hélas ! De moi vient l'obstacle !

HL. — Est-ce ta faute ? Et ton dévouement n'est-il pas de tous les instants, pour Antonia, comme aujourd'hui pour la Murillo ?

AD. — Tout pour toi. Peut-être dois-je encore mourir.

HE. — Ecarte ces idées, ange chéri.

AD. — Tes caresses me mettent au ciel. — Tiens, dans ce moment, cette jolie inconnue pense à toi, je parie, et se dit : pense-t-il à moi, lui ? — Oui et moi aussi.

HE. — Qu'elle y ait pensé, c'est possible ; mais qu'elle y pense encore !...

AD. — Il y a des pressentiments qui ne trompent jamais, les miens surtout. Elle m'a vue et on aurait dit, à son regard, qu'elle m'apprenait par cœur, je l'ai bien vu. Elle devra te connaître.

HE. — Quelles douces caresses !

AD. — Faisons son histoire, dis.

HE. — Oui si tu veux. — Que supposons-nous ?

AD. — Nous supposons qu'elle est dans une bagarre et que tu l'en retires, puis tu la remène-ras *(sic)* chez elle et vous serez enfermés malgré vous.

172

He. — Laisse-moi tes bras, dis !

Ad. — Mais non ! Il faut que je me couvre et que nous commencions l'histoire.

(Ils font l'histoire de la jeune Murillo.)

Les Escenas sont non seulement l'occasion de se remémorer et de revivre le pèlerinage en Espagne mais aussi d'y consigner tout ce qui se passe dans l'entourage de Legrand au moment de leur rédaction en 1846. Etant donné sa discrétion dont son écriture cryptographique est la preuve, on n'hésite pas à lui confier les confidences des autres [1].

Madame Narvaez à Julie [2].

Bayonne, 20 avril 1846. Mademoiselle Julie : etc. à Paris.

Ma chère Julie,

Je n'ai pas pu te conter certains détails de mon affreux mariage, je vais le faire aujourd'hui que je suis seule ; et avant de quitter la France. Si jamais tu dois souffrir ce que j'ai souffert, ne te marie jamais, ma chère Julie, il vaut mieux que tu ne connaisses jamais ce qu'on appelle les plaisirs de l'amour. Avec toi, je puis parler sans te rien gazer, tu jugeras bien mieux l'horreur de ma position. Recommande bien aux mères de tes

---

1. N.A.F. 14495, p. 64 verso-65 verso.

2. Bien qu'elle signe Louise de Tascher, Mme Narvaez se nomme Marie-Alexandrine. Elle est la fille de Jean Samuel Ferdinand, comte de Tascher. Elle épousa le 21 mars 1843 Ramon Narvaez, duc de Valence. Quant à cette Julie, nous ignorons son identité, mais elle fait probablement partie de la famille d'Adèle de M.

amies de ne jamais instruire leurs filles avant la nuit de noces ; de là viennent tous mes maux. — Tu te rappelles mon mariage, vous me laissâtes dans le lit et mon mari vint ensuite. Il se déshabilla tout nu et me découvrit : je le laissai faire et ouvrit mes cuisses comme maman m'avait dit, il agitait sa main pour gonfler ses parties qui retombaient sans cesse. Il me dit tout haletant de le prendre et j'obéis ; je t'assure que je ne désirais pas du tout, j'étais étonnée de cette manière de caresser. Enfin il me fit lui mettre la tête entre mes lèvres. Mais alors quelles douleurs atroces ! Il entrait par soubresauts et il me semblait qu'il me déchirait la chair, et puis il m'écrasait le sein et m'arrachait les poils en voulant exciter son amour. Je pleurais, je finis par le supplier de me laisser reposer un moment ; il se fâcha et me dit que je pleurais parce que je regrettais mon amant ; qu'on voyait bien que j'étais experte, car j'avais bien pris ma position toute seule. Je m'irritai et lui répondis qu'il n'était pas gentilhomme d'insulter ainsi sa femme gratuitement, quand il devait savoir que ma mère m'avait dit ce que je devais faire. Alors il me mit le doigt dans mes lèvres et me dit que déjà un autre que lui était entré là. Je jetai un cri de douleur et ne voulus plus consentir à ses caresses. Ce fut alors qu'il sortit, alla chercher un œuf qu'il écrasa entre ses mains en me disant qu'il écraserait ainsi ma volonté. — Trois jours après, une maladie infâme se déclarait, la vérole, et Ricord, le médecin [1], me

---

1. Philippe Ricord, né à Baltimore en 1800 et mort à Paris en 1889, était chirurgien des hôpitaux de Paris.

dit que mon mari me l'avait donnée parce qu'il l'avait très forte. — Maintenant, il faut que j'aille retrouver mon mari ; il m'a écrit une lettre où il me demande pardon et m'assure qu'il est maintenant entièrement guéri. Je la garde car il y a tant des mots espagnols qui disent que j'étais grosse avant de me marier, bien que je n'aie pas accouché et que je sois vierge, qu'il est bon de pouvoir montrer cet aveu à quelques-uns des incrédules. Je tremble de coucher encore avec lui. — Enfin il le faut pour mon propre honneur. Mais j'ai tant souffert pour me guérir que je crains de m'exposer encore à la même souffrance. Et pourtant j'y vais et me voici à Bayonne. Quitter la France, c'est pour moi un supplice. J'ai revu mon mari à Luchon et c'est là qu'est convenu de nous réunir ; la Reine Christine[1] a fait tout au monde pour cela et y a réussi à moitié. Au moins ai-je obtenu cette fois-là de ne pas souffrir les odieuses caresses ou plutôt opérations de mon mari. Mais il faudra y passer avec résignation et je suis sûre que, si je deviens mère, je vais avoir un monstre. — Au reste, il paraîtrait que les dames de par ici n'y mettent pas grand-façon car ma camériste nouvelle, une Espagnole de 40 à 42 ans, m'a dit que mon mari avait des maîtresses et que je serais bien bonne de ne pas prendre un jeune homme sain et vigoureux qui me donnât du plaisir et un enfant viable. Franchement je n'ai pu m'empêcher

---

Il eut une grande vogue comme spécialiste des maladies vénériennes.

1. Veuve de Ferdinand VII, elle est régente au moment où cette lettre est écrite.

175

de rire de la naïveté de la petite et lui ai fait comprendre que chez nous les femmes infidèles étaient l'exception. Elle m'en a alors tant raconté des señoras de la cour, à commencer par la Reine elle-même, que je (ne) saurais par où te raconter cela. Je suis pourtant bien aise qu'un prince français n'épouse pas la lubrique Isabelle [1]. — Elle m'a dit qu'un jour dans le cabinet avec Serrano (qu'elle appelait son beau ministre) la reine lui avait demandé ce qu'il avait là dans son pantalon, qu'elle l'avait remarqué à beaucoup d'hommes en pantalon collant ; et (elle) y mit la main ce qui émut Serrano et fit rire la reine ; elle lui disait déjà de le lui montrer nu, mais on sonna par bonheur, sans quoi, Dieu sait ce qu'elle aurait fait. — Une autre fois, elle guetta sa mère et entra dans sa chambre au moment où son mari la caressait, et elle se retira en riant. Elle m'assura (mais je ne puis le croire) qu'un matin elle était sortie du bain avec son peignoir seulement et avait sonné les laquais, parce qu'elle savait qu'un joli garçon était de service ; qu'elle s'était fait essuyer par lui, et puis l'avait fait déshabiller et lui avait dit de lui faire ce que Muñoz [2] faisait à sa mère et le laquais avait tenté d'entrer ; elle jouissait tant qu'elle se tordait sous lui et lui faisait mal ; mais lui ne voulut pas jeter sa semence

---

1. Isabelle II est reine d'Espagne depuis 1833, sous la régence de sa mère. Francisco Serrano y Dominguez, duc de La Torre (1810-1885), est l'amant de la reine et son ministre de la Guerre.

2. Agustin Fernando Muñoz, duc de Rianzarès (1810-1873), est l'époux morganatique depuis 1833 de la régente Marie-Christine.

en elle et la couvrit dans le peu de poils qu'elle a. Elle passait sa main dedans pour savoir comment c'était. Il est à penser qu'elle le revit plusieurs autres fois. Enfin on dit que c'est pire qu'une chèvre chaude. Quelle honte ! C'est son tempérament qui la pousse à cela, sans doute. Elle est reine et têtue, ce sera une dévergondée. — Quant à moi, à présent que je sais ce que c'est que l'amour charnel, je pense à nos nuits de jeunes filles, où tu étais mon mari ; te rappelles-tu ? Et je me dis que le bonheur de ma vie est perdu pour moi. Si j'ai des enfants je les aimerai, mais pas autant que si j'étais amoureuse de mon mari. Je m'efforcerai d'avoir du plaisir et de jouir de peur que mon enfant ne soit sot ou idiot. Si j'avais celui que nous vîmes une fois ensemble, quelle différence ! — Je finis ma lettre, déjà bien longue et de choses bien étranges ; dis à ton amie Caroline [1] que je ne l'oublie pas ; elle est un peu mariée comme moi ; mais au moins son mari est sain, s'il n'est pas vigoureux. Mille baisers, ton amie, Louise de Tascher. — Je n'ose mettre Duquesa de Valencia.

Ce second exemple diffère du premier par son style mais nous fait part de problèmes assez semblables [2].

Miss Harriet Grenville à Adèle [3]. 5 div.

---

1. Celle que Legrand désigne sous le nom de Caroline de Dino.

2. N.A.F. 14495, p. 63 recto-64 recto.

3. Nous ne connaissons pas cette correspondance d'Adèle de M., ni *a fortiori* son Edward. Rappelons simplement

Londres, 26 mars 1846. Mlle Adèle de etc. Paris.

London, March 26, 46. — My very fine and loved friend Adela. — I have ... bast ! Je vais t'écrire en français parce que, si ma lettre tombe entre les mains de ma mère, elle n'y comprendra rien, ou du moins fort peu de chose. Et ce serait une bonne affaire pour moi, car c'est assez scabreux, ce que j'ai à te dire. Ouvre-moi donc tes oreilles et ton cœur. — Tu te rappelles bien que, quand j'étais à Paris, on voulait me marier avec un gentleman assez distingué de la high life d'ici et que je ne voulus pas. Je te dis alors mes raisons. Elles étaient et sont bonnes : un dandy si occupé de lui-même, un sportsman de première force qui parie avec fureur aux courses d'Epsom et de Newmarket, qui va en France parier au Champ-de-Mars et à Chantilly, qui trouve qu'un lord doit avoir une danseuse à un théâtre et une cantatrice à un autre comme on a une loge ou une stalle, un tel homme (me disais-je) n'est pas mon fait et n'aura jamais le temps de s'occuper de sa femme ; et après tout, une danseuse est une femme, souvent très-jolie, et n'en pas faire plus de cas que de son cheval favori (ou même moins), c'est me ravaler moi-même au-dessous de cette bête. Il est vrai qu'on me répond que, moi, je suis une lady et que la comparaison n'est pas possible. Mais, entre nous, quand je serai couchée avec lui, il ne caressera pas mon blason autrement que la danseuse, peut-être moins bien même ! Ce

_____

que le titre de marquis de Buckingham s'éteignit avec Richard Grenville en 1889.

qu'il y a de pire, c'est que mon père s'est entêté à me donner ce centaure pour mari ; et moi je n'en veux à aucune condition : il y a mieux, c'est qu'il existe par le monde une personne, pas tout à fait si noble, mais bien plus agréable, et qui n'a aucun des défauts capitaux que je reproche à mon prétendu prétendant. Vaincre la résistance de mon père c'est chose impossible ; je dois donc chercher un autre moyen sûr et honorable. Ne rougis pas : ce moyen assez connu et l'unique ressource de nous autres nobles mal enfiancées, c'est Gretna-Green [1]. Enfin j'hésite maintenant à prendre le great way of marriage for life, comme ma collègue en noblesse Miss Adela Villiers. Elle a réussi, pourquoi ne réussirais-je point aussi ? Enfin, nous verrons. La première difficulté c'est de savoir si mon cavalier voudra m'enlever ; la seconde, comment nous nous y prendrons, et la troisième, la plus terrible : ce que j'en penserai moi-même. Je me demande d'abord ce que j'ai pensé d'Adela Villiers [2]. Ecoute, on l'a peut-être calomniée, on a dit qu'elle était in a very interessant state et qu'elle avait organisé cet elopement avec son mari, parce que ça allait paraître ; je ne sais pas, mais on l'a dit. Après quoi viennent les speechs des mamans sur le peu de durée de ces amours à la vapeur soit par la faute de l'un soit

---

1. Village d'Ecosse célèbre au XIXᵉ siècle pour les mariages qui s'y contractaient selon la loi écossaise et canonique devant le juge de paix, sans condition de domicile ni de publicité.
2. Ce personnage nous est inconnu. Rappelons seulement que le duché de Buckingham appartenait à la famille de Villiers.

par la faute de l'autre. Tout cela me déplairait souverainement, sais-tu ? Et on ne se gênerait pas pour le faire à mon égard. Pourtant c'est une chose bien cruelle de se marier avec un homme qui, si on venait lui dire, la première nuit de ses noces, que son cheval favori tousse, n'hésiterait pas à se jeter à bas du lit pour aller voir et laisserait là sa femme, fut-elle une houri. Ces gens-là ont coutume de dire qu'ils retrouveront toujours bien leur femme ; c'est pourquoi il arrive quelquefois qu'ils ne les retrouvent point. — Après cela, franchement, penser que je vais coucher dans le même lit avec cet homme, me répugne ; il me semble qu'il doit puer le fumier ou l'huile de poisson. — Quelle différence avec mon Edward ! Il n'est pas si riche, mais il ne monte pas à cheval comme un groom, mais comme un gentleman, il ne franchirait peut-être pas deux haies et un fossé comme le lord au dernier steeple-chase, mais il manie si galamment son cheval qu'il paraît lui commander plus avec la volonté qu'avec la main. Et puis, quand il me voit, il descend ou suit la voiture, mais s'occupe plus de moi que de sa bête ; au lieu que le lord a toujours mille recommandations à faire et se tient sans cesse à une assez grande distance, de peur que les roues ne blessent la robe de son alezan. Ne voulait-il pas lui donner mon nom ? Par galanterie, s'entend. Je l'ai remercié de tout cœur. — Quand à Adela Villiers, je te dirai que, sans bavarder beaucoup, qu'un jour j'entrai inopinément et étourdiment dans la chambre et la trouvai tout en désordre, le sein à demi découvert, et il faut bien qu'elle n'eût absolument que son peignoir, car en allant, elle le faisait ouvrir et je voyais son ventre et ses jambes nues, tu sais qu'elle est belle ; elle aurait fait un joli portrait de keepsake. J'ai pensé depuis que l'heureux amant de Gretna-Green était peut-être avec elle, et fit ce bruit particulier que j'entendis avant d'entrer. — Quant à moi, il faut que je t'avoue une audace que j'ai eue avec Sir Edward, dans l'intention de connaître sa pensée, pour l'enlèvement susdit ; mais je n'eus pas le temps parce qu'il arriva du monde dans le réduit du park of Windsor où nous causions. Il me témoignait son amour et je lui abandonnais ma main, et je remarquier (*sic*) sur sa cuisse une grosseur s'agitant, qui m'a donné à penser en la rapprochant des statues que j'ai vues. Il paraît que cet effet se produit près d'une femme qu'on aime. Au reste, moi-même j'étais assez animée. Je n'ai pu retrouver un instant pour l'entretenir de notre fuite et à présent je ne sais pas si je lui en parlerai. Mais vois l'effet étonnant que cela me fit : cette nuit-là même je pensais à lui et mes lèvres me brûlaient tellement qu'il fallut que j'y misse la main et cet attouchement me faisait tant de plaisir que j'appuyais. Je ne sais ce qui arriva, mais je me pâmai et je me sentis les cuisses et la main toutes mouillées ensuite. Cela me rappelle aussi qu'il y a deux ans, j'étais couchée avec ma cousine Arabella, qui est mariée, et que, au milieu de la nuit, rêvant sans doute qu'elle était avec son mari, elle me prit dans ses jambes, me serra contre son sein et se mit à agiter son ventre en approchant ses poils des miens et à la fin avec fureur, jusqu'à ce qu'elle se pâmât aussi et me laissât la cuisse toute mouillée. J'avais aussi des envies de faire comme elle.

Et elle disait : Encore ! Encore ! Encore davantage, mon ami ! Que je sente tes poils dans les miens ! Il paraît qu'on fait comme cela avec son amant ou son mari. Depuis ce moment-là, j'ai compris et ne veux plus de mon fiancé, mais bien de mon Edward. Nous verrons. — Et toi, ma jolie brune, n'as-tu pas envie de faire un petit voyage à Gretna-Green ? Tu ne dis rien ; mais on voit à tes yeux que tu dois aimer. Je te souhaite de trouver qui tu aimes ; et tu dois l'avoir trouvé, car tu as, comme moi, un prétendant que tu refuses ; par conséquent il doit y avoir un inconnu que tu préfères. Je t'embrasse. Farewell, my dear. — Harriet.

VII

Des amours impossibles

Adèle de M. n'a pas de secret pour Legrand, d'autant moins que l'on retrouve dans les « petits volumes » du cryptographe son journal intime à elle, entièrement recopié pour les années 1845 et 1846 [1]. Jour après jour, elle y confie ses états de santé aussi bien que ses états d'âme, une multitude de détails sur sa vie familiale et sur le milieu aristocratique qu'elle fréquente. On y retrouve bien entendu aussi des potins de cour et l'on y suit attentivement l'évolution de sa vie affective. Sa liaison avec Legrand ne prend pas une tournure très heureuse. Fatigués l'un et l'autre de devoir se cacher pour s'aimer, Adèle de M. et Legrand ont décidé de « parler » au duc de M. avant son retour d'Espagne en France [2].

---

1. Ce journal fera l'objet d'une prochaine publication actuellement en préparation.
2. N.A.F. 14495, p. 142 recto.

Samedi 10 janvier 1846.

Temps magnifique, comme dans l'été. Espoir.

He(nry). Il sort à 9 heu(res). Il va prendre sa place. Au déjeuner mon père le demande et ma sœur répond qu'il viendra nous dire adieu. A 2 heu(res) il vient avertir mon père et lui dit que le temps est magnifique. Mon père lui répond que s'il y consent, il ira avec lui au Retiro[1] le voir dessiner Madrid, pendant que mon frère[2] ira tout terminer. Je dois être bien pâle, car un regard de mon mari m'avertit qu'il parlera. A 3 heures et demie, Henri en revenant de l'ambassade passe et prend mon père. Je le vois descendre la rue. Je suis seule et me mets à prier. Ma sœur vient me chercher et s'étonne de me voir comme égarée. Elle reste près de moi. Enfin je ne peux plus me le côté reluisant des choses et se soucient peu des retenir et me mets à fondre en larmes sur son sein. Je lui dis ce qu'He(nry) dit en ce moment même à mon père et j'ajoute que je l'ai toujours aimé et que je suis folle. Elle s'étonne et m'embrasse en me disant de compter sur sa discrétion et sur son appui. Mais elle désespère. Je n'entre dans aucun détail et lui cache que je suis sa femme. Elle me supplie de reprendre un air tranquille pour le retour de mon père. Elle me lave la

---

1. Parc établi sur l'emplacement des anciens jardins de Madrid.

2. Adèle de M. désigne ainsi son beau-frère, le mari de sa sœur Louise. Elle affirme plusieurs fois ne pas avoir de frère.

figure et je reprends mon courage pour le dîner. Mon père dit qu'He(nry) a fait une fort jolie vue de la ville ; il est sérieux, sans sécheresse, et nous nous regardons nous deux ma sœur (et moi). Je crois qu'He(nry) n'aura pas osé parler. Ma sœur me quitte à 9 heu(res). J'attends et ne peux rien faire. A 10 heu(res) He(nry) arrive. Il m'embrasse. Tout est fini. Rien. Il a été tranquille et l'a traité de jeune fou. Il ne veut pas me tourmenter de cela ; mais jamais ! Lettre désespérée à Antonia. Nuit d'amour et de serments. Je voulais être enceinte.

Etant donné le milieu social dans lequel notre histoire se déroule et ses traditions maintenues coûte que coûte, on se doutait bien que le père d'Adèle de M. n'allait pas donner sa fille en mariage à un roturier comme Legrand. Contrariée dans ses projets, Adèle de M. ne se soumet pas pour autant à ceux que son père forme pour elle [1].

Dimanche 25 janvier 1846. — Temps douteux et frais. — F(amille). — Ma sœur vient me trouver dans ma chambre et Ant(onia) vient ensuite. Nous déjeunons ensemble et allons à la messe à St-Thomas [2]. En en sortant : visite à la Duchesse de Montmorency qui est malade ; la Duch(esse) de Valencay y est ainsi que le Duc de Dino [3]. Nous

---

1. N.A.F. 14495, p. 144 recto.
2. L'église Saint-Thomas-d'Aquin, à l'angle de la rue du Bac et du boulevard Saint-Germain.
3. Affirmation quelque peu étonnante, puisqu'en réalité

lui parlons de Caroline et il remercie Ant(onia) avec effusion [1]. — Retour chez moi. — Fam(ille). — Mon père m'avertit que mon fiancé et sa mère viendront aujourd'hui. — A 2 heu(res) ils arrivent en grande toilette et la Duchesse [2] me demande si j'ai lu sa lettre. Je lui réponds qu'oui et je l'en remercie. Elle ajoute que son fils désire se mettre en ménage, et prendre dans le monde la position qui revient à son nom et qu'ils ont tous

---

la duchesse de Montmorency, née Anne Louise Caroline de Goyon-Matignon le 23 mai 1774, est décédée le 27 mars 1845, c'est-à-dire depuis presque un an. Sa fille, la duchesse de Valençay, Anne Louise Charlotte Alix de Montmorency-Fosseux, née le 13 octobre 1810, avait épousé le 26 février 1829 Napoléon Louis de Talleyrand-Périgord, duc de Valençay, qui était né le 12 mars 1811. Quant au duc de Dino, Alexandre Edmond de Talleyrand-Périgord, c'est-à-dire le frère du précédent, il est né le 15 décembre 1813 et s'est marié le 8 octobre 1839 avec Marie Valentine Joséphine de Sainte-Aldegonde, née le 29 mai 1820. Peut-être le lecteur se fera-t-il une idée de la difficulté qu'il y a à identifier les personnages mentionnés par Legrand quand il saura que, par exemple, la date de naissance de Marie Valentine Joséphine de Sainte-Aldegonde est donnée de manière erronée dans *les Familles titrées et anoblies au* XIXe *siècle* de A. Révérend (nouvelle édition, Paris, Champion, 1974).

1. Caroline à qui il est fait allusion ici serait la duchesse de Dino. D'après Legrand, elle serait enceinte de lui et aurait pris pension chez Antonia de Saulnois, laquelle devait présider à l'accouchement, ce qui explique les remerciements du duc qui se croit évidemment le père. Or, nous sommes en 1846, et les naissances reconnues officiellement chez les Dino ont eu lieu en 1840, 1841, 1843, 1844, et la dernière en 1845, mais aucune en 1846.

2. C'est une duchesse-douairière, la mère du duc Philippe, le prétendant imposé à Adèle de M.

pensé qu'à présent je mettrais moins de sévérité avec lui et comprendrais tout l'attachement qu'il me porte. Je réponds que je lui sais gré de son attachement et de sa constance, mais que ce n'est pas une raison pour lui sacrifier ma vie ; que pour me marier, je veux aimer beaucoup mon mari et que je n'aime pas son fils ; bien que je l'estime beaucoup ; que je le rendrais malheureux et moi aussi ; qu'ainsi il vaut mieux rester comme nous sommes ; que je suis bien fâchée qu'on me mette si souvent dans la position difficile de lui répéter cela en face, mais que ce n'est pas ma faute ; qu'il vaut mieux qu'il se tourne vers d'autres femmes qui apprécieront plus tendrement que moi les qualités qui le distinguent et qui lui donneront tout le bonheur que je désire pour moi-même. — En sortant, je remarque avec plaisir que mon père fait un geste qui veut dire : « vous voyez ; que voulez-vous que j'y fasse ? » Il ne fait aucune allusion à He(nry) et ne m'en parle pas. — Ma sœur et Antonia me félicitent et m'embrassent et moi je pleure en leur disant que peut-être je ne serai jamais la mère de ses enfants ; mais qu'au moins j'aurai tout fait pour cela, sauf l'honneur. — Dîner en famille. Clémentine[1] y vient et mon père regrette que la Duchesse et son fils ne soient pas restés, sans dire la cause de leur absence. — Clémentine est gaie. — Petite soirée jusqu'à 10 heu(res). — Antonia s'en va et ma sœur m'embrasse en me disant qu'elle me souhaite de beaux rêves cette nuit. — He(nry). — Nuit. Vision

---

1. Clémentine d'Orléans, fille de Louis-Philippe.

d'Henry. Je lui parle de mon père ; mais non de la scène d'aujourd'hui. Il m'accable de caresses. Mon histoire à moi. Amour.

Une dernière solution existait peut-être encore pour Legrand et Adèle de M. tant que les personnages principaux du drame se trouvaient en Espagne : fuir à Tanger. Adèle de M. était prête à le faire, mais c'est Legrand qui a refusé pour ne pas la plonger ainsi dans une situation en dessous de sa qualité. Le Cercle n'en continue pas moins de se réunir et le Voile de donner le change à qui veut bien s'y laisser prendre [1].

Juillet 1846.

15 juillet. — C'est aujourd'hui sa fête, la Saint-Henry. Je ne peux manquer de le savoir, parce que chez nous, on rappelle cette date à cause du Prétendant Royal : comme on rappelle sa naissance par la mienne, le jour de saint Michel, 29 septembre, à quelques heures de différence [2]. Ainsi, tout me lie et m'enchaîne à ce nom d'Henry ; et je ne m'en plains pas. — A ce propos, Clémentine d'Or-

---

1. N.A.F. 14495, p. 164 verso-165 recto.

2. Le prétendant royal était le fils du duc de Berry, c'est-à-dire le duc de Bordeaux et comte de Chambord. Il aurait régné sous le nom d'Henri V. Il est né le 29 septembre 1820. Il paraît étonnant qu'Adèle de M. qui est intime avec les filles de Louis-Philippe et dont le père est un orléaniste ardent, évoque un descendant de la branche aînée des Bourbons, le petit-fils de Charles X, comme le « prétendant royal » et s'en serve comme point de référence.

léans me disait que son père avait dit dernière-
ment, en famille, à propos de la Duchesse Hélène,
qu'il avait fait une immense faute en la prenant
pour épouse de son fils [1]. Pour deux raisons : la
première, qu'elle était protestante ; la seconde,
qu'elle était ambitieuse et vaine. Ainsi, disait-il,
elle ne doit ses apparences de vertus qu'à sa position, et à l'influence de la Reine Amélie. Elle se
fait une cour dans ma cour, et la compose de litté-
rateurs, de poètes, toutes gens qui ne voient que
le côté reluisant des choses et se soucient peu des
conséquences, pourvu que leur effet soit produit.
Il y a, ajoutait-il, trois hommes funestes parmi
eux : Emile de Girardin, l'utopiste fripon et
effronté du journalisme, Victor Hugo, l'ambitieux
et orgueilleux poète qui s'évertue à se donner
comme un politique de première force, et qui m'en
veut parce que je ne l'ai pas fait ministre ; enfin
Lamartine, le poète honnête et grand seigneur,
que je crains plus que les autres parce que je le
crois convaincu tout à fait. Cet homme devrait
mourir bientôt dans l'intérêt de sa réputation
publique. Je vois, ajoutait-il, tout cela bien trouble
et bien sale. Il y a bien longtemps qu'il n'y a
plus d'émeutes ; cela doit ennuyer les Parisiens et
les Anglais. — Le vieux roi a raison, ai-je répondu
à Clémentine ; j'en vois assez pour savoir que tout
cela est bien vrai. Cette Princesse Hélène aurait
voulu être Reine ; ne le pouvant plus, elle va

_____

1. Hélène de Mecklembourg-Schwerin, née le 24 janvier 1814, avait épousé le 30 mai 1837 le fils aîné de
Louis-Philippe, le duc d'Orléans qui était décédé acci-
dentellement le 13 juillet 1842.

tâcher d'être Régente sous son fils. Et si le Roi ne le veut pas, et bien sagement, elle remuera la France et l'Europe. Que sortira-t-il de là ? J'ai entendu dire : le Bonapartisme, représenté en ce moment par le prince Louis, le ridicule. On considère cette combinaison comme folle, et mon père pourtant ne la regarde pas comme impossible si les républicains triomphaient. Louis-Napoléon, fils de cette courtisane appelée Hortense, est affilié aux ventes des Carbonari [1] d'Italie et de Naples, et a cherché à s'y tailler, le cas échéant, un tout petit royaume. Les Anglais le tiennent tout prêt pour leurs desseins contre Naples, en leur (*sic*) cédant d'abord la Sicile !

J'ai une crainte qui m'est venue soudainement : je suis allée, il y a peu de jours, dans la rue Notre-Dame-de-Lorette, au numéro 17, et sous prétexte de voir un appartement à louer, je suis montée avec Marie. En descendant, j'ai vu une femme grande, blonde, qui a dû être belle. Je l'avais déjà vue, mais jamais d'aussi près ; elle m'a regardée à cause de mon cachemire, je l'ai remarqué. Comme elle montait les premières marches, le portier l'appela : Mad(ame) Legrand ! — Et elle descendit prendre un paquet. Elle avait des livres que j'ai reconnus être à Henry. Ainsi c'est là cette femme que j'appelle le Voile et qui fait, par sa présence, que mon père ne pense plus à mon ami ; elle se fait appeler Madame Legrand, et par conséquent fait montre de sa liaison. Cela me fit peur, parce que cela indique qu'elle est capable

---

1. Dans la société secrète des Carbonari, vingt membres constituaient une vente.

de faire plus tard un abus grave de cette liaison passagère, et quoique naturellement elle n'ait jamais aucuns droits sur nous, pourtant elle peut répandre des bruits scandaleux et nous causer des ennuis. Je sais bien qu'il est fort difficile de se défaire de ces créatures-là. Je conseillerai dorénavant à Henry de bien fermer tout à clé de peur que cette femme ne lui vole quelques gages dont elle puisse se servir plus tard pour lui tirer de l'argent avec des menaces. Ce serait déjà mauvais avec moi, ce serait bien pire avec la jeune Espagnole. Il le faut éviter.

Mes idées ont été complètement troublées par cet incident, je suis bien aise d'avoir vu pour pouvoir parler.

Je me demande si, en ne voyant que les règles de la prudence humaine, mon père ne peut pas justifier son opposition à mon mariage avec Henry. Et je réponds avec franchise que oui, il s'ensuit qu'il faut que je cherche, moi, à produire une raison plus forte, et je la trouve dans une chose qui est encore plus précieuse que tout ; c'est ma vie. Ainsi, il est certain que je ne me marierai jamais si je ne me marie pas avec lui. Et si mon père veut, comme il me l'assure avoir des enfants du Duc et de moi pour continuer sa race par une branche féminine, puisque Dieu lui a refusé un fils, il ne gagnera rien à ce calcul, parce qu'il n'aura aucun rejeton, Louise étant condamnée à n'en point avoir. Il ferait mieux de prendre Henry, de l'ennoblir par des places et de lui faire attribuer notre blason. Au moins la famille ne périrait pas.

/.../

*Puisqu'il n'y a plus aucun espoir ni pour Adèle
de M. ni pour Legrand de fléchir la détermination
du père, puisque d'autre part le projet d'enlèvement a été abandonné, la liaison des deux amants
est condamnée à rester secrète. Le Voile finit par
acquérir une certaine transparence et ne suffit plus.
Ce sont donc les femmes du Cercle qui vont prendre l'initiative. Si Legrand épousait quelqu'un
pour de bon, il n'y aurait plus besoin d'être tout
à fait secret, mais plus simplement discret. Les
femmes du Cercle vont donc s'occuper de faire
marier Legrand. Elles croient avoir obtenu de
bons renseignements sur une jeune Espagnole
qu'elles espèrent bien un jour transformer en
« sœur ». Ce n'est personne d'autre que la
Murillo, en réalité Doña Carolina de Molina y
Perez, née à Algésiras en 1828 ou 1829, fille de
« feu José Perez, médecin de son vivant » et de
Doña Maria de los Dolores de Molina* [1].*

Iñez à Henry.
Malaga, 29 mai 1847
Señor D. Enrique Legrand, Madrid.
Mon cher Henry, je ne sais ce que tu fais, ni
à quoi en est ton mariage, et cela nous tourmente
extraordinairement, comme c'est facile à penser.
Figure-toi les doutes cruels où nous devons être
plongés après tes dernières lettres, si tristes et si

----

1. N.A.F. 14498, p. 219 verso-221 verso.

amères. Ensuite la tournure fâcheuse que prennent les intérêts de Cadiz nous donnent *(sic)* beaucoup à craindre plus qu'à espérer ; bien qu'on puisse dire que les ressources existent. Notre chère Antonia est extrêmement préoccupée et sa tristesse nous gagne, surtout moi. Tu comprendras sans peine pourquoi. Tu parais nous demander des conseils. Hélas ! Quels conseils penses-tu que nous puissions te donner ? Nous t'avons toutes conseillé de te lier avec cette famille, d'un beau nom et à cause de l'intérêt que nous portions tous à cette pauvre jeune fille. Nous savions, tu le sais bien, que sa mère, et même sa famille, voulait la faire débuter au Circo, afin de vivre sur son gain de toute espèce. On nous avait dit qu'elles avaient en Andalousie une foule de biens engagés et qu'un mariage ferait assurément sortir de ces embarras momentanés. Tu peux croire qu'elle a tout fait pour y arriver, mais tu sais bien que ces choses-là sont en dehors d'elle et de son pouvoir. Après cela ta future belle-mère a toujours été très peu soigneuse de ses intérêts, et a toujours tout sacrifié à l'orgueil ou au plaisir du moment. Tout cela est on ne peut plus obscur. — Antonia aurait bien voulu d'abord t'expliquer tout cela elle-même ; mais les suites de son accident de Grenade [1] l'en ont empêchée et j'ai pris sa place. — Pour nos affaires à nous, nous pouvons dire *temporelles,* tout va on ne peut mieux et pourtant nous som-

---

1. De cet accident, nous savons seulement qu'Antonia était allée à Grenade acheter la maison ayant appartenu à Juana, et avait fait une chute de cheval.

mes loin d'être heureuses : ton absence au moment précis où nous avions tant compté sur une union éternelle [1], nous a remplies de deuil. Nous ne pouvions pas faire autrement, il fallait sauver Adèle et moi, qui aurais tant voulu être ce qu'une autre est peut-être déjà, me voici sans espoir et réduite à vivre de souvenirs, tremblant à chaque instant de mourir au monde par le déshonneur, malgré le soin que prend de moi notre chère Antonia [2]. Va, il est des choses cruelles, dans la vie d'une femme, qu'un homme ne sait et ne saura jamais. Ce que je sens, ce que je pense, me donne une idée bien juste des hallucinations qui mènent au suicide et aussi de ce sentiment impérissable qui vous fait vivre pour d'autres. Si Antonia avait encore une fois le même accident, sois sûr qu'il m'arriverait quelque chose sans aucun doute. Elle m'a bien promis au reste de ne plus recommencer, et je n'ai point le courage de l'empêcher de sortir à cheval, parce que, véritablement, l'air et la rapidité de la course lui font du bien. C'est visible de reste. Nous la surveillons. Chimène devait partir pour Madrid à cause d'une nouvelle folie ou méchanceté de son mari ; mais on lui a dit qu'elle pouvait s'en dispenser parfaitement et que ses intérêts seraient sauvegardés par son cousin. Elle était cependant disposée à s'y rendre, non pas tant pour ses propres affaires, que pour les tiennes. L'état d'esprit d'Antonia l'a détournée tout à fait de ce dessein. Franchement,

---

1. Allusion au mariage impossible entre Legrand et Adèle de M.
2. Iñez est enceinte de Legrand.

je ne sais pas si je fais bien de te dire tout cela :
tu vas croire notre bonne Ant(onia) bien plus
malade qu'elle ne l'est ; aussi je me hâte de t'assurer que ce n'est pas autre chose que tristesse et
que, ton mariage accompli et parfait, nous toutes,
nous serons contentes parce que nous te verrons
établi et près d'une jeune femme qui doit t'aimer.
— Nous aussi, nous t'aimons, non seulement
nous, mais aussi à Paris. Tu vas m'appeler peu
soigneuse, mais il faut que je t'avoue que nous
avons reçu une lettre du Cercle, et qu'elle a été
brûlée avec d'autres particulières. Encore est-il
heureux qu'elle ait été brûlée et non perdue ;
songe aux conséquences. Et il y avait plusieurs
lignes d'Adèle pour nous et pour toi ! J'en tremble
encore. Cela ne serait pas arrivé si Ant(onia) n'eût
été malade. Elle est accoutumée à arranger tout
cela parfaitement. Voici du reste, en substance,
l'objet de cette lettre. Louise était à Saint-Parize
avec Marie d'Osm(ond), et on leur avait écrit pour
les aviser de la lettre commune. La Duchesse [1]
était avec Cygne à Valençay, et les mauvaises affaires continuaient dans le ménage des hôtes et
même d'elle aussi. Je crois que ses envieuses et
ses soupirants ne sont pas satisfaits du passé et
qu'ils lui préparent d'autres épreuves, peut-être
plus cruelles. Dieu lui donne la patience et le courage ! Paris était donc habité seulement par Amélie, Dolores, qui écrivaient, et Adèle, qui ajoutait
quelques mots, parce que, dit la lettre, il y avait
un peu de place encore et qu'elle était arrivée à

---

1. Celle que Legrand appelle Caroline de Dino.

ce moment-là. Tout continuait heureusement dans notre société tant aimée et on demandait à Antonia si elle voulait faire un noyau d'un autre cercle en Espagne, pour le cas probable où tu t'y fixerais et puis on la grondait passablement de son imprudence de Grenade, en lui demandant tendrement si elle avait résolu de nous quitter tous, y compris toi, qu'elle avait tant promis de ne jamais quitter, ni abandonner. On lui faisait même remarquer que ce mariage que tu es sur le point de faire, bien que t'offrant toutes garanties de bonheur intérieur avec ta femme, seul à seul, cependant n'était pas aussi rassurant par rapport à la famille : il leur semblait (et ceci est de Dolores) que tu devais tout faire pour séparer complètement ta femme de sa famille, sans quoi tu étais menacé de grands maux. Cela, je ne l'ai pas oublié. Pour notre sœur Adèle, elle était bien à présent dans sa famille, grâce à ton sacrifice, et elle se demandait si elle avait bien ou mal fait de ne pas se sacrifier, elle, en fuyant avec toi. Je ne sais pas beaucoup de la vie, moi, pourtant il me semble que ce regret est inutile et que l'effet eût été très mauvais : qu'elle se perdait enfin sans rémission et toi aussi, et pour toujours. Le seul moyen, ç'aurait été de te marier, par exemple, avec moi, ou avec Marie, ou avec Cygne ; mais encore mieux avec moi puisque les difficultés étaient bien moindres. Je sais bien que c'était encore difficile ; mais tu conviendras aussi que cela se pouvait. Il n'y avait point non plus de ces embarras de famille comme avec ta fiancée. Eh mon Dieu ! Je ne m'aperçois pas que tu vas dire que je prie bien pour mon saint et ne pense pas aux autres. Je ne pense qu'à nous et

196

mon état m'y autorise un peu aussi, tu l'avoueras. Tu devrais m'écrire un peu pour me donner courage. Ximena me dit qu'elle espère bientôt nous conduire à Cadiz et de là à Séville et de là s'en aller à Madrid pour te voir. Après tout cela tu seras sans doute marié ; et il aurait fallu, du moins je l'aurais désiré, que tu eusses une de nos sœurs, surtout elle, près de toi, dans un moment si critique. C'est pourtant impossible, à cause de l'état de notre sœur bien-aimée. Nous espérons que le climat si doux et si béni de Malaga va la remettre, car il ressemble beaucoup à son beau ciel de Naples. Nous aurions bien voulu, elle principalement, la conduire à Valence : cela avait le grand avantage, pour elle et pour moi, d'avoir le même climat qu'ici, de meilleures maisons et pour moi de m'éloigner davantage de ma famille : tu sais bien pourquoi. Mais c'était trop loin et des chemins plus difficiles, et tes affaires de Cadiz qui nous occupaient, surtout elle. Pour moi, je ne te cacherai pas que je vis sur des épines, et que l'avenir me paraît très chargé. Il a fallu que dans nos adieux j'obtinsse ce qu'auparavant j'avais tant demandé au ciel inutilement. Il faut prendre courage et je le prendrai. Louise nous faisait dire, dans la lettre, qu'elle désirait beaucoup nous revoir et qu'elle ferait tout possible *(sic)* au monde pour venir nous rendre visite à Grenade ; mais elle a son mari qui ne veut pas ; pourquoi ? Parce que la guerre intestine continue dans le ménage et qu'elle ni lui ne veulent pas céder d'un point. Elle en est venue au point, tu t'en souviendras, de désirer qu'il garde sa maîtresse connue. Caroline est très embarrassée avec le Duc ; il est bien plus diffi-

cile de le retenir, lui ; il a certaines raisons à faire
valoir qu'on ne peut ne pas reconnaître au premier abord. Elle n'a absolument que le prétexte de
ses dépenses exagérées et des bruits que certain
monde accueille sur son compte, et qu'elle attribue aux bavardages de son mari, à tort ou à raison. Marie est toujours tourmentée par sa famille,
mais résiste fortement et courageusement ; l'em-
portera-t-elle ? Qui peut le savoir et le prédire ?
Depuis le mariage de sa sœur, qui, à ce qu'il paraît,
tourne très bien, on a un argument tout prêt sous
la main pour lui prouver qu'il n'est pas absolument nécessaire d'être jeunes et beaux et fous
d'amour pour faire un excellent ménage. Et
prends garde que nous nous disons cela parce que
c'est vrai. Je lui ai donné, moi, le bon conseil de
dire, ce qui est tout aussi vrai que l'autre chose :
que si sa sœur avait le cœur mort ou paisible, elle
non ; qu'une chose vraie pour une jeune fille qui
n'a pas aimé et a le cœur ouvert à la reconnaissance et à l'estime au lieu d'amour, ne l'est pas
autant pour une autre qui a aimé et qui veut vivre
avec ces joies ineffables de deux amants époux.
On me dira qu'elle ne peut pas dire cela : bon !
Qu'elle dise alors qu'elle les sent et les a devinées,
et veut attendre patiemment le fiancé qui lui paraî-
tra le plus propre à les lui donner. Amélie reste
toujours tout de même ; Dolores aussi, car les
affaires sont sans cesse dans le même état pour
leurs espérances ; je dis leurs, je devrais dire les
espérances de son mari, parce qu'elle, en vérité,
aime bien mieux demeurer en France qu'ailleurs
et ne s'éloigne, pour aller en Angleterre, que de
temps à autre et pour peu de temps : elle est véri-

tablement de notre famille, tu le sais. Voilà donc la position de nous toutes. Celle d'Adèle aussi ne saurait nous donner aucun tourment. Son prétendant y met beaucoup de patience, s'il n'a pas tout à fait renoncé à tout espoir. Et puis moi, j'attends le moment heureux ou malheureux où ma vie se fermera pour jamais en même temps qu'elle s'ouvrira pour un autre. Et je me dis bien tristement : qui sait si je te reverrai ? Qui sait si celle qui m'a promis assistance et protection, ne se verra point forcée de manquer à sa parole ? Je tremble de tomber ainsi dans ma famille. Adieu, mon frère, pense à nous qui pensons à toi dans tous les instants ; nous prions pour toi, prie pour nous. Sois heureux, plus heureux que nous autres ; et Dieu veuille que Juana se soit incarnée une troisième fois dans ta jeune fiancée pour te donner le bonheur que nous n'avons pas pu te donner. Tes sœur. Iñes.

Plus que toute autre, Antonia favorise toujours les amours de Legrand avec Adèle de M. Sans enfant elle-même, Antonia songe à tester en faveur du couple. Mais la mort va la surprendre avant qu'elle ne réalise ses projets [1].

Ximena à Henry.
Valencia, 5 juin 1847.
Señor D. Enrique Legrand, Madrid.
Valence, 5 de Junio 47. — Mon bon ami,

---

1. N.A.F. 14499, p. 9 verso.

apprête-toi à recevoir un coup assez fort et pour lequel tu auras besoin de tout ton courage. Tu vois que je suis à Valence et qu'Iñes n'est plus avec moi. Les suites de la terreur qu'elle a éprouvée [1] l'ont fait avorter à Malaga et, à peine remise, ses parents sont arrivés et l'ont remmenée avec eux à Séville. Pour moi, j'ai accompagné jusqu'ici ma pauvre Antonia qui n'est plus à présent qu'un cadavre pour la terre et une sainte pour le ciel. C'est après cette sortie funeste dont t'a parlé Iñes dans une lettre, qu'elle est morte en un soir dans nos bras. Nous n'avons pas voulu te tourmenter au moment de ton mariage et troubler tes premières joies ; mais à présent que tu dois être l'époux de notre chère Carolina, de celle qui nous a fait concevoir de si belles et si douces espérances, je te rappelle qu'il y avait une femme qui t'aimait, encore plus que nous et mieux que nous, la seule peut-être qui eût pu remplacer vraiment notre sainte reine Juana ; une femme qui ne regretta qu'une chose en mourant, c'est de ne pas t'avoir su marié, heureux et tranquille. Elle aurait voulu aussi te laisser la maison de Grenade, mais la mort ne lui en a pas laissé le temps et je ne puis y rien faire. Je t'enverrai plus tard, quand je les aurai copiés pour Adèle, les papiers qu'elle a laissés et entr'autres (sic) un bout de testament non encore signé qu'elle a dû commencer à Grenade après le premier accident. Adieu, mon ami, sois heureux avec ta femme et ne nous oublie point, nous qui

---

1. Terreur dont nous ne savons rien.

200

ne t'oublierons jamais. Je t'aime et t'aimerai toujours. N'oublie pas non plus nos sœurs et fie-toi
à notre prudence habituelle. Ton amie. Ximena
Vasquez.

VIII

Tristesses d'un mariage

A partir de la mort d'Antonia, qui faisait fonc-
tion de « présidente » du Cercle, c'est Adèle de M.
qui va lui succéder. De fait, Adèle de M. ne faisait
pas partie du Cercle au début et n'y est entrée que
tardivement [1].

Adèle à Henry.
Paris, 22 juin 1847.
Espagne — Sor D. Enrique Legrand, Madrid.
Paris, 22 juin 1847. Mon ami, à présent tu dois
être uni à notre bien-aimée Carolina [2], et tu dois
aussi savoir la perte que nous faisons tous, mais
nous spécialement, par la mort de notre sainte
Antonia ; une chose m'a sans cesse tourmenté(e)
dans tes lettres : c'est ce profond désespoir et
cette profonde défiance de l'avenir qui perce dans

---

1. N.A.F. 14499, p. 23 recto-24 recto.
2. Elle est maintenant devenue la femme légitime de
Legrand.

toutes tes phrases. Hélas ! Mon bien-aimé, ce que nous aurions voulu, tu le sais, c'est nous unir : tout était bien. Mais tout se rompit violemment et sans une ombre d'espoir. Te faire demeurer seul et célibataire, je n'y pensai pas ; nous te trouvâmes cette petite ange dont nous avions admiré la beauté. Au moins tu vivais, car tu vivais pour elle. Oh ! Si tu avais pu rester toujours à Paris ! Mais tu ne le pouvais pas et le cercle devenait inutile. Aie confiance dans ta femme : elle doit être digne de toi et justifiera notre choix, malgré sa mère [1] Antonia avait de bons desseins sur vous ; mais la mort ne lui a pas laissé le loisir de les mettre à exécution. Alors, quel doux avenir : par elle, nous connaissions ta femme et l'entraînions dans notre cercle. Moi, pourquoi ne l'ai-je pas su plus tôt ? A présent je m'agenouille devant les portraits de Juana et d'Antonia et m'enivre de la vue du tien, jetée sans forces dans les bras amoureux de Cygne, et regardant ces trésors de beauté qui se sont donnés à toi. Henry, mon espoir est déçu : tout était prêt pour cacher le fruit de tant d'amour ; mais toutes les craintes qui m'ont assaillie en ces derniers temps ont hâté le terme et je n'ai rien vu qu'une pauvre petite créature sans vie : c'était une fille. Je me vois une autre Juana ; seulement je n'en mourrai pas, moi. Je (te) sais heureux dans l'avenir, possesseur d'une jolie femme qui s'abandonne avec amour à toi. Je te

---

1. La belle-mère de Legrand, peu scrupuleuse, avait bien flairé une bonne affaire dans le mariage de sa fille. Elle maniera avec talent le chantage et n'hésitera pas à faire commerce des charmes de sa fille.

supplie de me raconter tes joies conjugales, nous le désirons toutes ici. Pour moi, mon père m'abandonne et n'ouvre pas la bouche de l'affreuse et dernière scène. S'il savait que ces caresses d'adieux, ces dernières où tu es entré en moi et m'as donné ta dernière rosée, j'ai tant joui que mes entrailles s'en sont fécondées ; il me tuerait sans rémission. Tu vois ? On m'a tenue exilée à Dijon jusqu'à ce que l'on connût parfaitement ton mariage. Mon Duc [1] revient : il a le temps. Je vis au Cercle. Là, j'attendrai tes douces visions, mon bien-aimé. Je ne veux pas te faire une lettre trop longue. Aime ta femme et caresse-la comme Juana et comme moi : elle sera bienheureuse : Dieu te donne avec elle cet enfant qu'il t'a refusé dans tes deux Juanas. Je continue les copies que tu sais [2], ainsi que les croquis. Quand tu les voudras, écris. Adieu, ami si cher ; quand tu caresses Carolina, pense à Adèle, mon âme en tressaillira d'amour et de délire ; quand tu poseras tes mains amoureuses sur son chaste sein, pense au mien que tu as tant baisé ; quand tu sentiras ton amour entr'ouvrir ses lèvres brûlantes et chatouiller son jardin d'amour, pense à cette nuit de folie où tu entras jusqu'au fond de mes entrailles frémissantes pour m'y laisser le feu de ta rosée et me faire évanouir de plaisir sous les palpitations de ton amour. Henry ! Henry. Il est minuit, je suis à demi nue dans ma chambre blanche, près de ce

---

1. Le prétendant officiel d'Adèle de M.
2. Adèle de M. participe à la rédaction des manuscrits de Legrand et notamment recopie d'anciennes lettres de Juana.

lit où j'ai joui nue dans tes bras et je pense qu'en ce même moment, tu te couches avec elle, tes bras tremblants serrant sa taille voluptueuse, son sein touche le tien, sa bouche cherche la tienne et son ventre s'élance au-devant de toi, tandis que tes cuisses écartent les siennes et que lui cherche sa chapelle et ses lèvres humides et son bouton de rose brûlant et entre, entre, en la faisant pâmer, pendant que les vases d'amour chatouillent son jardin et que ses mouvements amoureux hâtent le moment où il lancera sa rosée féconde et la mêlera à la sienne. Heureuse Carolina ! C'est moi qui t'ai donné ce bien qui m'appartenait et je t'aime de donner ton âme à mon bien-aimé. Aime-le et meurs d'amour. Adieu Henry ; adieu, nos sœurs t'embrassent et moi je te baise et te mords et tiens en esprit notre Carolina comme je tenais Antonia. Mille baisers fous et amoureux. Je me pâme, ton Adèle.

Mais revenons au mariage de Legrand qui épousa Carolina à Madrid le 5 mai 1847. Elle avait un frère, Federico, et une demi-sœur, Elisa, qui était la fille adultérine de Lord Clarendon, lequel avait été ministre plénipotentiaire à Madrid en 1833 [1].

A Adèle par Henry.
Madrid, 24 juin 1847. Madame la Marquise Amélie de S. rue etc. à Paris : (dessous :) pour Adèle de M.

---

1. N.A.F. 14499, p. 20 verso-21 recto.

Madrid, 24 juin 1847. — Ma chère Adèle ; — tu dois être contente, me voilà marié ; et ma femme pourrait, sans l'enlaidir, entrer dans le cercle de beautés que tu sais et que tu présides. C'est le 18 dernier, à 6 heu(res) du matin, que j'ai prononcé le *si !* (je le devais toujours, aussi avec Juana, tu sais ?). Quelques jours auparavant Chimène m'avait annoncé la mort prématurée et inattendue de notre Antonia ; malgré son idée de la retarder, cette nouvelle, jusqu'après mon mariage, il a fallu qu'elle arrivât juste au moment. Dieu est le maître. Tu sais tout cela depuis longtemps sans doute, et tu sais quel coup ç'a été pour moi ; je ne te parlerai plus que de mon mariage et des quelques jours qui l'ont précédé. — Tu as toujours voulu que je te racontasse tout comme je te racontais Juana : je vais le faire. — Quand je revins de Leon, je me plaignis quelquefois à elle de sa froideur et lui reprochai de ne pas s'être jetée dans mes bras comme elle me l'avait dit dans ses lettres. Je l'entraînai à jouer du piano et m'asseyais près d'elle. Telle était sa retenue que bien sûr sa mère la lui reprocha. Un soir du mois de mai, nous étions couchés sur les esteras [1] du petit salon et j'avais mon bras passé à sa taille ; elle était absorbée par une douce somnolence, sans doute amoureuse ; ma main rencontra pour la première fois son sein. Tu ne peux pas te figurer l'effet que cela me fit ! Elle n'avait que sa chemise sous un peignoir à demi ouvert, et je sentais les battements de son cœur et son petit bouton de rose dur et agité ; je pressai un peu, elle mit sa

1. Nattes.

main sur la mienne et pressa : je devins fou
éperdu ; mais il y avait la famille sur le balcon. —
Un autre soir, au piano, elle me parla de son frère
et de Lola, sa fiancée, qu'elle avait surpris dans
des états très douteux et me demanda ce que nous
ferions quand nous serions mariés. Je lui expliquai, comme autrefois à toi, ce que c'était que
l'amour, tout en respectant ses chastes oreilles ;
et lui mis, avec quelque peine, la main sur mon
amour, qui était, tu le penses, excité. Je lui demandai si elle comprenait ; elle me répondit que : pas
trop. D'ailleurs elle tremblait de crainte en son-
geant que, si gros, il devait entrer dans sa petite
chapelle. Elle me disait aussi en riant qu'elle avait
une tache noire au ventre. Je finis par lui faire
prendre nu ; et puis passai ma main par la fente
de son peingnoir et sentis sa cuisse, si douce ;
l'autre main excitait son sein et je lui baisais le
cou et les joues, de façon que bientôt je sentis ses
petits poils et, un peu malgré elle, mon doigt toucha ses lèvres brûlantes et enfin son bouton. Alors
elle se renversait sur sa chaise et me laissait faire
en me disant tout émue : Ay ! Qué gusto ! — Un
soir nous nous promenions et, dans l'obscurité,
pendant que les petites étaient au piano, je la pris
dans mes bras et mon amour toucha le haut de sa
chapelle. Elle disait : A ! Veras que nunca
entrara [1]. Elle venait bien le matin à mon lit, mais
jamais ne m'a laissé baiser autre chose que son
sein. Mais elle désirait timidement, comme tu la
connais. — Le soir du mariage, quand tout le
monde fut parti, vers minuit (je le notai à cause

---

1. « Tu verras que jamais il n'entrera. »

du vendredi) on la coucha et j'allai me déshabiller en lui demandant si elle me permettait d'entrer : elle ouvrit le lit et bientôt je la tins dans mes bras. Elle se laissa dépouiller de sa chemise et bientôt je pus voir sa beauté : son seul défaut, qui vient aussi de sa maigreur, est la saillie des deux os du ventre. Quand à son sein ferme et rond, à son ventre délicieux et à la chute de sa chapelle d'amour, on croirait te voir ou Juana. J'entrai dans ses lèvres en feu, mais elle souffrit beaucoup et il fallut se contenter de la faire jouir en caressant son bouton de rose. Je crois qu'elle m'aime, cette vierge pure et douce, et ses caresses sont comme les tiennes, chastes et pourtant voluptueuses. Jusqu'à aujourd'hui je n'ai pas encore pu entrer tout à fait, elle pleure et me dit : vois-tu ? je te le disais bien. Sa mère lui a dit que son mari avait été quatre jours à entrer en elle. — Tu vois, Adèle, que je ne te cache rien ! Si Antonia n'était pas morte, on aurait pu se lier avec mon petit ange ; à présent, hélas ! — tiens, je cesse d'écrire et te donne mille baisers, je m'étourdis et veux que Carolina soit heureuse. La veille du jour des Dichos [1] pourtant ! je rompais presque ! Dieu ne l'a pas voulu ! Et je l'en remercie. Mille baisers, ils sont innocents, tu sais ? ton ami et frère. — Henry.

/.../

N'oublie pas de voir nos sœurs du cercle, bien que je doive leur écrire. Tu conçois que je me cache pour écrire cela. Adieu encore.

---

1. Fiançailles.

Le bonheur que le Cercle préparait pour Legrand va être de courte durée. Carolina ne vient pas seule en France, mais accompagnée de sa mère. La belle-mère de Legrand contracte en France des dettes que Legrand devra payer, et finalement elle rentre en Espagne mais toujours avec sa fille. Legrand se retrouve seul. Pendant ce temps, la mère de Carolina n'hésite pas à servir d'entremetteuse en vendant sa fille au marquis de Belliscas [1].

Henry à Adèle.
Beauvais, 1er janvier 1848. Madame Marie, chez Mad. la Marquise Amélie de S. etc. Paris.

Beauvais, 1er janvier 1848. — Ma chère Adèle ; — je t'envoie mes souhaits de bonne année et peut-être pourrai-je te les porter moi-même. J'ai grand besoin des tiens et je te les demande, ange qui dois tout obtenir du ciel. Ah ! Mon amie, si le bonheur, que m'a fait goûter la beauté et la pureté de ma femme, a été grand, grand a été aussi le prix qu'il m'a coûté. Et après tout cela, je rougis de te le dire, je suis abandonné ; elle préfère sa mère à moi et à son enfant, et je ne sais quel sort les attend là-bas : je le vois bien mauvais. — Plus près, le Voile me fait payer bien cher l'utilité dont il nous a été ; il ne veut pas me rendre les livres de Juana et mes manuscrits. Je suis bien malheureux, mon amie ! Console-moi par tes visions, mais ne nous compromets pas. Attends.

---

1. N.A.F. 14499, p. 106 verso, suivi de N.A.F. 14499, p. 113 verso.

Prie pour nous et ne quitte pas nos amies qui te remettrons cette lettre. Elle est bien courte, mais puis-je rassembler deux idées ? Toute mon âme est dans ces huit lignes. Je t'aime, ange gardien, veille sur ma bien-aimée Carolina et sur moi, ton ami, Henry.

Adèle à Henry.
Paris, 2 janvier 1848. Monsieur Henry Legrand, poste restante, à Beauvais (Oise).
Paris, 2 janvier 1848. — Mon bien-aimé Henry ; — j'ai hésité avant de savoir si je devais t'écrire ; mais je m'y suis décidée en réfléchissant que je pouvais t'écrire en sanskrit, et je le fais. Je me porte aussi bien que possible, on me laisse une liberté suffisante dont je n'use guère, si ce n'est pour aller pleurer Antonia avec nos amies. Depuis ta dernière visite et ton départ inopiné, je ne fais que penser à tes confidences. Un peu de confiance dans la Providence, Henry, Carolina reviendra plus aimante de tout ce que tu auras souffert pour l'attendre et sa famille finira par te laisser tranquille avec elle. C'est moi qui suis cause de tout cela pourtant ! Tu devines toutes les pensées qui s'entrechoquent dans ma tête et j'aime mieux quitter d'écrire. — Mille baisers, mon âme à toi ; des caresses plus tendres, s'il est possible, que celles d'autrefois. Ton amie fidèle. — Adèle.

Je finis tous les écrits de Juana et je regrette bien que cette maudite femme t'ait volé ainsi tous tes livres. Par bonheur je les ai doubles.

211

Comme nous venons de l'apprendre, un enfant est donc né de cette union [1].

Henry à Adèle.

Beauvais, 30 mars 1848. Madame Marie, rue Louis-le-Grand, Paris.

(dedans :) pour Adèle.

Beauvais, 30 mars 1848. — Mon Adèle ; au milieu de tant de malheurs que m'a causés mon mariage et l'horrible famille de ce pauvre ange-victime, j'ai la consolation de t'annoncer que, le 25 mars à midi, Carolina a mis au monde une charmante petite fille. Le songe continue, tu le vois. Combien de larmes vont le payer ? Je crois que j'ai là peu de chagrin et que je mourrai après avoir vu se réaliser mes désirs. — Adieu, dis-le aux sœurs, et embrassez-vous pour moi. Ton ami fidèle — Henry.

Et tout ceci n'empêche pas le Cercle de continuer ses séances sous la présidence d'Adèle de M. Et du reste, cette fille, Elena, n'est pas le seul enfant dont Legrand s'attribue la paternité. Louise de L. dite « le Lutin » a une fille prénommée Henriette et celle que Legrand appelle Caroline de Dino, un garçon prénommé Henry. A eux seuls, les prénoms de ces deux enfants seraient, s'il en était besoin, un aveu suffisant de paternité [2].

---

1. N.A.F. 14499, p. 175 verso.
2. N.A.F. 14500, p. 147 recto-147 verso.

Amélie à Henry.

Bruxelles, 16 janvier 1849. Monsieur Henry Legrand, poste restante, Bayonne. — France.

Bruxelles, 16 janv. 49. — Mon cher et bien-aimé Henry, — Je tiens la plume au nom de toute notre petite colonie qui part le 20 pour Londres et espère y être le 22, et près d'Adèle [1]. Nous avons reçu ta lettre à Cygne et naturellement l'avons prise pour nous toutes. C'est moi qui t'écris comme la doyenne naturelle depuis la perte de notre chère Antonia dont le souvenir nous est plus présent que jamais à cause de ce jour qui est celui de (s)a fête [c'est S.-A. [2]]. — Mais je ne veux pas renouveler nos douleurs qui sont déjà bien assez cuisantes, tant pour nous que pour toi ; car nous attribuons à cette mort prématurée, une grande partie des malheurs qui t'accablent et la dispersion du cercle. — Tu ne saurais te figurer le plaisir avec lequel nous avons appris que tu

---

1. La révolution de 1848 est passée entièrement inaperçue de Legrand. Dans la totalité des manuscrits, une seule allusion y est faite ; elle tient en trois mots écrits en passant et sans grande conviction par Turodin à son ami Legrand : « Vive la République». Il est pourtant question de ces événements d'une manière indirecte, car ils ont des effets secondaires sur les personnages qui nous occupent. Adèle de M. et son orléaniste de père se sont exilés à Londres. Les femmes du Cercle se retrouvent de temps à autre, soit à Londres, soit à Bruxelles, tout en conservant leurs domiciles respectifs en France et en Espagne. Cette demi-fuite ou ce demi-exil se prolongent jusqu'à la fin des manuscrits, c'est-à-dire jusqu'en 1865 au moins.

2. La Saint-Antoine est le 17 janvier.

213

allais à Bayonne ; nous avons pensé que c'était pour attendre ou chercher ta femme. Nos soupçons et nos craintes se sont dissipés comme par enchantement, et il nous a semblé que tout allait se terminer pour le mieux, grâce à l'entremise de ton ami. Vois un peu, nous autres, nous ne pouvions rien faire ; Berenguita [1] non plus ; et si tu n'avais pas eu ce bonheur que ton ami fût venu à Madrid, vous étiez perdus ! Tiens, je tremble, rien que d'y penser. — Je ne te répèterai pas ce que Dolores et peut-être Chimène, t'ont dit en écrit ; c'est une chose fâcheuse, il faut en éviter le retour. Nous te supplions seulement d'oublier tout ce qui s'est passé, et de t'efforcer ainsi de ramener complètement Carolina, de façon que ton influence soit plus forte que celle de sa mère. C'est à cela, il nous semble, que tu dois faire grande attention. En cela gît ton avenir bon ou mauvais, nous comptons qu'il sera bon, et que ta mauvaise fortune a pris terme avec l'année 1848, qui a été si mauvaise pour tout le monde, même pour les méchants ! — Pour nous, aussitôt que nous y verrons jour, nous reviendrons toutes à Paris, et peut-être serons-nous assez favorisées pour y rencontrer ta femme et ta fille. Je désire que tu ne sois point obligé d'aller à Madrid ; nous y craignons pour toi quelques embûches de la part de la famille. C'est peut-être un grand bonheur qu'ils soient ainsi dans la misère ; autrement ils t'au-

---

1. Cette Espagnole revient plusieurs fois au cours des manuscrits sans que nous ayons pu établir aucun rapport entre elle et les autres personnages. Nous savons seulement qu'elle est de Salamanque.

raient fait tout le tort dont ils sont capables. — Tâche aussi de voir Marie, nous lui écrivons une lettre telle qu'elle puisse faciliter pour elle ce déplacement. Il s'agit seulement qu'elle n'arrive pas trop tard. — Caroline me dit de te dire que le petit Henry se porte à merveille et elle aussi ; elle te baise sur la bouche. — Lutin te dit que son Henriette est charmante et se porte bien, elle aussi ; elle te baise sur le cœur. — Cygne se porte très bien, elle forcit un peu et te baise sur ton jardin. Moi, mon ami, je te donne mon âme et baise ton amour, qui va devenir méchant en lisant ceci. — Tes sœurs fidèles et toujours amoureuses qui te baisent. Amélie.

— Tu sais que nous avons l'intention de marier un jour Henri et Henriette ; je crois même qu'il serait fort difficile de faire autrement. Avant-hier nous avons eu une scène que je vais te dire. — Tu sauras que les mamans ont voulu les empêcher de coucher ensemble, selon leur coutume ; mais il a été impossible de les séparer de chambre ; d'ailleurs les mamans couchent ensemble. — Avant-hier donc, en se réveillant, elles ont trouvé Henri et Henriette couchés ensemble et dormant dans les bras l'un de l'autre et demi nus. C'était Henri qui était venu. Ils étaient charmants. Elle avait ses petites cuisses autour des hanches de son petit mari qui avait son amour (un peu excité déjà) près de ses lèvres palpitantes. Ils auront senti que ce chatouillement leur faisait plaisir. — Nous nous sommes cachées, attendant leur réveil. Henriette s'est réveillée la première, a pressé son petit mari et puis l'a baisé en serrant tout son corps contre lui, pour le réveiller. Puis

215

elle lui dit : il faut nous lever parce que maman nous gronderait. Elles sont levées, a répondu Henri, embrasse-moi, ma petite femme ; et ils se sont embrassés. Je t'assure qu'il s'en manquait de bien peu que Henri ne désirât et entrât dans sa petite femme. Elle était rouge et agitée. Il lui dit ensuite : n'est-ce pas que tu seras ma petite femme ? A quoi elle répondit en s'enlaçant à lui et le couvrant de baisers ; lui la pressait sur ses cuisses, sur son ventre et je t'assure qu'ils étaient heureux. Il faudra les marier de bonne heure. Les séparer, il ne faut pas y songer. — En les regardant, les deux mères se caressaient et moi je caressais Cygne. Nous avons bien pensé à toi. Quel beau jour que celui de leur mariage ! — Caroline te donne son sein à baiser, Louise son ventre, Cygne ses lèvres d'amour et moi mon bouton d'amour.

Mais ces enfants que le Cercle destinait l'un à l'autre semblent marqués pour un autre destin [1].

Marie d'Osmond à Henry.
Nevers, 29 juillet 1859.
Monsieur Henry Legrand, architecte à Beauvais.
Nevers, 29 juillet 1859.
Mon cher Henry, on attend toujours au dernier moment pour donner de fâcheuses nouvelles ; mais enfin puisqu'il faut les annoncer de peur qu'elles n'arrivent d'une manière encore plus mauvaise, je me décide à t'en faire part ainsi qu'à nos

1. N.A.F. 14518, p. 29 verso-30 recto.

sœurs qui seront sans doute ici demain. Henriette, la fille de notre chère Louise, a été prise avant-hier soir d'un refroidissement en venant avec nous de la campagne ici ; elle vient de mourir presque subitement ce matin à six heures et demie, et sa mère est depuis lors dans un tel état de prostration, que nous craignons pour elle. Le docteur dit que si elle pleurait, elle pourrait être sauvée, mais elle étouffe et ne pleure pas. Quand nos sœurs arriveront, on espère obtenir une crise favorable. Nous la regarderions comme sûre, si Henry, le fils de Caroline, pouvait être ici ; mais il est en ce moment à Naples avec sa mère, et ne l'apprendra que trop tard. Nous ne voudrions point employer le télégraphe de crainte de lui causer un saisissement trop violent. Nous aimons mieux employer simplement la poste. Il l'aimait tant qu'il va se trouver bien seul sur la terre et serait capable de se désespérer.

Je ne te dis rien de plus, parce que tu comprendras que je suis toute troublée et toute folle de chagrin. Je vais soigner Louise qui m'a fait signe de t'écrire, car elle ne parle pas, je me coucherai près d'elle en attendant nos sœurs. Ta désolée. Marie.

La lettre suivante n'apporte pas de meilleures nouvelles à Legrand [1].

Marie d'Osmond à Henry.
Nevers, 1er août 1859.

---

1. N.A.F. 1418, p. 31 recto-32 recto.

Monsieur Henry Legrand, architecte, à Beauvais. Oise.

Nevers, 1er août 1859.

Mon ami, ce que nous craignions est arrivé ; Louise, notre chère amie, est morte, il y a environ quinze heures, hier soir 31 juillet à onze heures. Nos amies étaient arrivées de Paris d'abord et de Luciennes ensuite ; elle les a reconnues, mais n'a pas pleuré comme nous l'espérions. Pour comble de malheur, nous avions reçu, la veille, une lettre de Naples, mais tellement singulière, que je n'ai pas osé la montrer à Louise, car il en résulterait clairement que Henry serait malade avec quelque gravité. Amélie n'a point osé rien en dire, et cependant Louise en parlait toujours. Je joins à ce mot une lettre qu'elle t'écrivait hier dans la journée dans un moment de lucidité.

Nos sœurs sont désespérées : c'est Dolores qui l'a ensevelie avec Ximena, après qu'elle eut été embaumée ce matin par Gannal [1]. Nous n'avons pas voulu que personne que nous vît ce corps si beau et si pur. Elle est encore comme si son âme l'animait, mais elle ne sourit pas comme sa fille. Tu peux être sûr qu'elle est morte en pensant à toi et qu'elle est à présent dans le sein de Dieu.

Je t'assure que nous sommes bien inquiètes de Naples. Nous avons écrit à Caroline de venir de suite avec Henry ; mais si Henry est malade, elle ne pourra pas venir, et puis d'ailleurs, il est trop tard. Nous avons aussi à redouter l'effet que produira sur Henry la nouvelle de la mort de sa jeune

---

1. Félix Gannal (1829-1...) avait perfectionné les embaumements par injection mis au point par son père, Jean-Nicolas Gannal (1791-1852).

fiancée. Tout cela nous brise et nous tourmente beaucoup.

C'est demain, mardi, à midi, qu'aura lieu l'enterrement au caveau de Saint-Parize.

Nous t'embrassons, écris-nous. Toute à toi. Marie.

/.../

Louise (le Lutin) à Henry.
Nevers, 31 juillet 1859.
Pour Henry, confié à Marie.
Nevers, 31 juillet 1859.

Cette journée sera sans doute la dernière de ma vie, et je profite d'un instant de lucidité pour te faire mes adieux. Henriette est morte : c'était à présent ma seule consolation depuis que nos amies ne se rassemblent plus, et que toi-même tu es si malheureux et dans l'impossibilité de nous voir comme auparavant. Nous avions formé bien des projets sur l'avenir de ces deux enfants : Henry devait être son mari ; quel joli couple ils auraient fait, n'est-ce pas ? Et comme j'aurais été fière de les voir heureux et enviés par tous. Je ne sais ce qu'Henry va devenir quand il apprendra cela. C'est vraiment un coup de foudre, vois-tu ? Et je ne sais comment cela s'est fait. J'avais pourtant bien soin d'elle, et tu n'auras rien à me reprocher sous ce rapport. Pourtant la soirée était bien fraîche après un jour de chaleur. Et on m'a dit qu'il y avait des fluxions ; mais aussi quand on voit sa fille pleine de santé et que la course lui semble si bonne, c'est dur de la lui refuser. Il y en a tant d'autres plus frêles qui sont sorties ce jour-là et n'en ont pas souffert. J'espère bien, tu comprends, que cela ne sera rien et que je la reverrai : mais je cède aux désirs de nos amies qui sont là autour de moi. Et je comprends leur sollicitude pour elle et pour moi. J'aurais bien voulu voir Henry avec sa mère ; mais ils sont à Naples ; c'est bien loin et la lettre n'arrivera jamais à temps. Je me sens faible et il faut que je m'y reprenne à plusieurs fois pour achever ce mot. Je ne voudrais pas que tu crusses qu'en un moment si terrible je t'ai oublié, et je ne veux pas qu'une autre que sa mère t'annonce ce malheur. Elle montera droit au ciel, cette ange d'innocence et de beauté. Je vais l'y rejoindre sans avoir (vu) Elena, et sans t'avoir su plus heureux. Je ne pleure pas, ce malheur est trop grand. On se prend parfois à trouver que Dieu est cruel pour beaucoup et il faut toute la foi que nous avons pour reconnaître et baiser sa main puissante. Je le disais au bon curé de mon village, que tu connais, et il courbait la tête sans rien dire. J'ai été bien consolée en remplissant mes devoirs de chrétienne ; j'ai fait comme ma fille et avec la même foi ; j'irai donc où elle sera, et tu y viendras plus tard. Je supplie Dieu qu'il ramène Carolina et qu'elle se trouve aussi avec nous. Au revoir, mon ami ; ton Lutin t'embrasse bien. Louise.

Prie toujours pour moi et pour Henriette, car nous pourrions bien succomber, et fais-le dès aujourd'hui pour ne pas le faire trop tard. Tu comprends mes craintes et mon désespoir. Si Dieu faisait un miracle comme autrefois, je peux avoir ma fille, et je crois bien la retrouver.

Par une coïncidence curieuse, la lettre précé-dente était écrite le même jour que celle qui suit.

Caroline de D. ignore évidemment le décès de la petite Henriette et a fortiori celui de Louise [1].

Caroline de D. à Henry.
Marseille, 31 juillet 1859.
Monsieur Henry Legrand, architecte. Beauvais.
Marseille 31 juillet 59.

J'arrive et je vous écris ainsi qu'à nos sœurs de Paris, qui ne s'attendent pas à la fatale nouvelle que j'ai à leur donner. Je tremble rien que de penser à ce que va souffrir Henriette. Et vous, mon ami, enfin, il faut bien se décider à parler, et à dire ce qu'on saura tôt ou tard. Je viens de Naples et reviens avec le corps de mon Henry. Dieu n'a pas voulu que le bonheur que nous lui préparions fût pour lui dans ce monde. Une sorte de fluxion de poitrine, je ne sais comment ils appellent cela, nous l'a enlevé en vingt-quatre heures. J'étais seule avec lui, et n'ai su à qui m'adresser tant l'attaque a été violente et soudaine. Les deux meilleurs médecins de la ville sont venus, mais tout a été inutile. Je le ramène en France parce que je veux reposer près de lui. Je me suis bornée à écrire à nos sœurs et notamment à Louise, que Henry était un peu indisposé, mais que malgré tout, j'allais revenir. Le Duc est à Rome, et m'a vue seulement en passant à Civita [2].

Cet événement, tombé sur nous d'une manière si foudroyante, me brise et m'anéantit ; je n'ai de courage à rien ; je ne dirai pas que je pleure, car je me sens l'esprit trop occupé pour cela. Tout

---

1. N.A.F. 14518, p. 32 verso-33 recto.
2. Civita-vecchia est le port de Rome.

n'est donc qu'un songe dans ce monde ! Nous avions bâti des milliers de projets sur l'existence de ces deux enfants, et tu sais si nous avions des motifs tout particuliers de les chérir. Si Dieu n'a pas voulu, c'est que ç'aurait été trop de félicité pour eux et pour nous. Je tremble, et ignore comment je vais m'y prendre pour dire cela à Henriette, elle si impressionable *(sic)* qu'elle est capable d'en mourir. J'avais bien envie d'aller à Nevers ; mais le puis-je avec ce cercueil que j'accompagne ? J'aurais voulu le déposer à Saint-Parize, parce que je serais sûre qu'il ne serait jamais séparé d'Henriette. Je compte, moi, me retirer près de Louise, et je vivrai voyant toujours sa fille qui devait être la mienne. Ce serait une consolation, et je crois bien que, si je n'avais point eu cette espérance, je serais morte après mon fils. Aussi n'accusé-je pas la Providence : elle sait ce qu'elle fait. Le dernier mot d'Henry a été pour sa fiancée. Et il était mort que je le veillais encore comme s'il eût dormi. Cela me semble un mauvais rêve, et je me figure parfois que c'est à une autre que ce malheur est arrivé.

J'ai beau faire, il ne me sort pas de la pensée que je vais (avoir) à affronter la douleur de notre chère Henriette, et à lui donner les adieux de notre cher enfant. Il ne pensait pas dire si vrai, le pauvre chéri, quand il supposait qu'il allait mourir. Que faire ? Si je n'allais pas arriver avant ta lettre à Nevers, je te dirais d'écrire à Louise pour lui dire quelque chose qui la prépare à ce coup, et puis, j'hésite à aller là, craignant que ce cercueil ne les tue toutes deux, elles qui sont pleines de santé et d'espérances qu'elles vont perdre en un instant. Il le faut pourtant si je veux que le corps de mon fils repose à côté de sa fiancée quand Dieu l'appellera à lui. Et voyez comme on est égoïste ! Je ne réfléchis pas que, dans quelques années, il ne restera plus de mon fils à Henriette, qu'un mélancolique souvenir, et que, poussée par sa jeunesse, elle pourra rencontrer un autre fiancé, que peut-être moi-même je lui aurai choisi.

J'écris en même temps à Paris, afin que quelques-unes de nos sœurs viennent à Nevers demain, ce qui est possible. Leur présence m'aidera un peu. Aussitôt après nous quitterons Saint-Parize, et reviendrons à Paris où nous espérons te voir, ne fût-ce qu'un moment. Je sais que cela te sera difficile, et dans ce cas, écris-le afin que nous puissions aller à Beauvais. Je ne sais si la Duchesse est toujours dans le midi[1], mais je le saurai demain. Tu te rappelles mon portrait de Dubuffe[2], je t'assure que je lui ressemble à présent, et mes yeux sont devenus hagards à m'inquiéter. Souvenirs si doux dont cet enfant était la personnification, et qui sont devenus si cruels que je n'ose pas y arrêter mon esprit de peur de devenir folle de douleur.

Je cesse d'écrire, mon ami, parce que cette occupation, qui était d'abord un soulagement,

---

1. La duchesse désigne ici Adèle de M. qui est en effet à Béziers chez Amélie de S.
2. En réalité : Dubufe et non Dubuffe. Claude-Marie, le père, et Louis-Edouard, le fils, ont été portraitistes affectionnés de l'aristocratie. Claude-Marie (1789-1864), auteur de portraits de Louis-Philippe, de Mlle de Ste-Aldegonde, exécuta également celui de Anne-Louise-Alix de Montmorency, duchesse de Valençay.

devient la cause de nouvelles angoisses. Si vous étiez là, je pleurerais avec vous et me trouverais plus calme ; mais ainsi, c'est un supplice que vous ne pouvez pas vous figurer, même à peu près, et il vaut mieux repartir, et tout affronter qu'attendre ainsi sur un brasier.

Adieu, mon ami, pensez à votre malheureuse amie, et priez pour elle, car elle en a besoin. Toute à vous. Caroline.

La réaction de Legrand à ces trois décès ne se fait pas attendre [1].

Henry à Caroline de D°.
Beauvais, jeudi, 4 août 1859.
Madame la Duchesse Caroline de D°. chez Mad. la Vicomtesse de Lang. Nevers.
Beauvais, 4 août 1859.
Chère Caroline, au moment où j'ai reçu ta lettre, j'en recevais une autre de Marie re(n)fermant les derniers adieux de Louise. J'ai reçu les deux coups à la fois, et j'ai tant souffert depuis six mois, que ce nouveau chagrin n'a fait que joindre un nouveau poids à mes douleurs, mais ne m'a point abattu. Soyez aussi courageuse [2]. Je conçois bien que ce malheur est irréparable pour vous surtout, et dans votre position particulière, mais Louise m'exprimait les mêmes craintes et les mêmes espérances, au moment même où vous m'écriviez de Marseille et que, depuis quatre jours,

---

1. N.A.F. 14518, p. 34 recto.
2. Legrand passe ainsi du tutoiement au vouvoiement.

vous accompagniez le corps de votre enfant. Dieu l'a appelé à lui avec sa fille, et elles ont ignoré [2] jusqu'au dernier moment qu'elles allaient rencontrer au ciel celui qu'elles craignaient tant d'affliger. La religion nous donne une croyance bien douce, et quel(le) que soit celle qu'on adopte, elle nous promet toujours une vie postérieure à la mort, dans laquelle nous pouvons voir ceux que nous avons aimés. C'est celle-ci qu'il faut suivre et adopter. Comme tu le dis, il faut revenir à Luciennes avec nos sœurs, et si je ne puis y aller, ce qui est probable, vous viendrez ici pour une journée. Pense au bonheur que j'éprouverai en te revoyant. Et toi, je crois que ce sera une grande consolation pour toi. L'une de nos amies t'accompagnera et te remmènera.

Comme Dieu se joue de nos projets ! Il les a unis mais dans la mort, et franchement, je ne sais pas, en voyant le monde comme il est, s'il ne vaut pas mieux pour eux qu'il en soit ainsi ; je regrette qu'ils n'aient pas été époux, quand ce n'aurait été qu'une semaine, ils étaient si bien et ils s'aimaient tant ! Il en est de même de moi ; vois s'il n'aurait pas mieux valu que ma femme fût morte après m'avoir donné ma fille que de me désillusionner comme elle l'a fait [2]. Je l'eusse pleurée alors et vous toutes aussi. Adieu, chère amie, du courage, et aime-moi toujours.

Tout à toi d'âme et de cœur. Henry.

---

1. «Sa fille » renvoie à Henriette ; « elles ont ignoré » se rapporte à Louise et Henriette, la mère et la fille.

2. En quittant Legrand pour l'Espagne sous l'influence de sa mère.

La lettre de Legrand que l'on vient de lire manifeste une froideur certaine et semble même faire preuve d'égoïsme sinon d'égocentrisme, puisque Legrand ramène finalement tout à ses déboires matrimoniaux. Peut-être faut-il voir ici un mécanisme de défense de la part de Legrand qui a de multiples causes de chagrin. Quelle qu'en soit la cause, les femmes du Cercle ne lui en tiennent pas rigueur. Elles lui restent toutes dévouées, et ceci de façon durable, comme en témoignent ces lettres qu'Adèle de M. et Cygne écrivent sous une même enveloppe [1].

Adèle à Henry.
Paris, 31 décembre 1864.
Monsieur Henry Legrand, architecte, Beauvais. Oise.
Paris, 31 déc. 64.
Mon bon Henry, je veux que demain en te levant, tu rencontres ma lettre et que mes vœux soient les premiers que tu reçoives, peut-être avant ceux de ta femme et de ta fille. C'est une des préoccupations de ma vie dans ces jours de fêtes de famille, que de savoir si tu peux compter sur les tiens. Hélas ! Hélas ! Les choses ont pris une tournure, mais peu rassurante pour nous. Tu dois concevoir mes craintes et mes inquiétudes à ton sujet. Cette année plus qu'aucune autre, je me sens tourmentée à cause de toi. Je sens que ta

---

1. N.A.F. 14528, p. 4 recto-4 verso.

femme veut faire ce qu'a fait sa sœur Elisa, la femme du marin, en trouvant le moyen d'échapper à la garde de sa famille pour venir à Madrid avec sa mère. J'ai remarqué que Carolina avait aussi une métrite. Et, comme, sauf l'importance, Elisa en a une, cela peut paraître assez drôle. Ainsi, ne pas se laisser égarer par des plaintes simulées. Mon ami, il faut bien de la prudence pour éviter les écueils qui se trouvent sous vos pas, car il est bien important d'éviter que Carolina aille en Espagne. Elle y peut reprendre son affection pour la Carolinita de Sta. Tecla [1], et ce serait bien dommage pour tout le monde et pour vous en particulier. Je vous souhaite donc d'éviter tout cela et de m'aimer toujours. Votre fidèle et bien constante amie. Votre Adèle.

Cygne à Henry.
Mon cher Henry, je t'aime et je veux vivre pour t'aimer toujours comme toi-même tu m'aimeras, et je te défie bien de faire autrement. Je me mets toujours à couvert derrière ma chère et belle Adèle ; je suis son ombre et son ange gardien. Cette année finit, une autre va commencer et il semble que le destin attache une certaine vertu à ces époques diverses de l'année. Si les années précédentes n'ont pas été tout à fait ce que nous désirions pour toi et pour elle, au moins nous espérons que les années qui vont venir compenseront, et au-delà, les mécomptes des années passées. Ici, au moins, et parmi nous, tu trouveras toujours

---

1. Allusion qui nous échappe.

nos cœurs prêts à te recevoir, et nos bouches à te baiser. Sois heureux, mon bon Henri, et nous le serons aussi. Ta Cygnette qui t'embrasse, Henriette.

Une autre enveloppe contient trois lettres également adressées à Legrand[1].

Amélie à Henry.

Paris, 30 décembre 1864.

Monsieur Henry Legrand, architecte à Beauvais. Oise.

Paris, 31 déc. 1864.

Cher Henry, demain vous recevrez nos lettres les premières, très probablement. Nous faisons en sorte de nous trouver des premières sur le volume qui va commencer[2]. Je suis, tu te le rappelles, la première du Cercle, je garde ma place ! C'est du reste un droit que l'âge me donne aussi parmi les Françaises, et qui n'est point enviable assurément. Je t'embrasse donc pour tes étrennes et te prie de recevoir mes baisers comme je te les donne, avec bonheur et avec joie. Espérons, mon ami, que les choses s'amélioreront cette année, et que nous aurons le plaisir de te voir arriver à Paris, ce qu'il nous faut à toute force. Tu verras que ce changement de résidence sera favorable à ton avenir. En attendant reçois l'âme et le cœur de celle qui t'aime plus qu'elle-même. Amélie.

---

1. N.A.F. 14528, p. 4 verso-5 verso.
2. Les membres du Cercle savaient parfaitement que Legrand recopiait toutes les lettres qu'il recevait.

Caroline de D° à Henry.

Mon cher Henry, je m'appelle comme ta femme et je la remplace, peut-être tout à fait en ce jour de souhaits et de bienveillance générale. Je ne veux pas remuer de vieux souvenirs, désirant que cette journée soit tout entière à l'amour et à la joie. Rappelle-toi que tu m'as sauvée d'une mort ou, au moins, d'une blessure affreuse, le soir de ce bal d'Antonia, où le feu prit à ma robe de gaze et qu'en la déchirant au risque de graves brûlures, tu parvins à me délivrer, mais en me laissant toute nue dans tes bras. J'étais jeune et tu m'as toujours dit que j'étais belle, au moins ta récompense en a acquis plus de valeur. Ce temps est loin, mon ami ! Mais je crois que mon attachement a pris de plus profondes racines et que ma vie désormais t'est consacrée à toujours (sic). Si Dieu exauce mes ferventes prières, tu seras sûrement heureux dans ta fortune et dans ta famille. Mais, si tu ne pouvais, en ce monde, jouir d'un bonheur parfait, au moins notre amour serait-il toujours ta consolation et ton refuge contre l'adversité. Je t'aime et je t'embrasse, ta Caroline.

Marie d'O. à Henry.

Mon cher Henry, je t'aime toujours comme quand tu me faisais sauter sur tes genoux ; tu sais ? Mais c'est aussi d'une autre manière. Souviens-toi que je te souhaite toute sorte de bonheur, et que je donnerais mon sang pour te rendre plus heureux. Je sais bien que tu ne m'oublies pas. Je t'aime. J'ai, quand tu viendras, à te montrer

229

une très belle photographie d'Eugénie [1], toute nue, enfin son portrait comme le comprenaient les anciens. Il paraît que son mari l'a fait lui-même, et que l'artiste n'a eu qu'à tirer les épreuves. Il en a gardé une sur les quatre qu'il a faites, et nous la reproduirons. Cela me rappelle ce que Carolina t'avait dit du Marquis de Bellizcas, et de ses photographies de la Condesa de Teba [2]. Du reste, c'est une épreuve parfaitement venue, et nous nous demandons à qui l'auguste mari a pu réserver les trois autres épreuves. Une pour lui, une pour elle, une pour la Montijo [3], et sans doute la dernière pour le fils quand il sera grand. Vous riez ? C'est bien possible. A bientôt, mon bon ami, à bientôt ; et ne nous oubliez jamais, car nous ne cessons de penser à vous à tous les instants. Votre fidèle Marie.

---

1. La suite de la lettre indique que cette photographie serait celle de l'impératrice.

2. Le titre de comtesse de Teba avait été porté par Eugénie de Montijo avant son mariage avec Napoléon III.

3. La Montijo, c'est-à-dire la comtesse de Montijo, mère de l'impératrice.

IX

Henry Legrand :
Identité et obsessions

*Henri, Alexandre, Alphonse Legrand est né le
25 novembre 1814 à Saint-Just-des-Marais près de
Beauvais. Il était le fils d'un maçon, Pierre-Urbain
Legrand et de son épouse née Marie-Justine Carton.*

*Il fut baptisé le lendemain 26 novembre 1814
à la paroisse de Saint-Just-des-Marais et fit sa première communion dans cette même paroisse sans
que nous en sachions la date.*

*Henry-Alexandre Legrand figure dans le regis-
tre de l'Ecole des Beaux-Arts en architecture. Il
est alors domicilié rue des Bons-Enfants dans le
premier arrondissement à Paris. Il est présenté par
l'architecte Leclerc et reçu en deuxième classe le
4 janvier 1836, mais nous ne savons pas à quelle
date il est passé en première classe, ni s'il y est
même passé.*

*En avril 1849, Legrand pose sa candidature au
poste d'architecte des Hospices de Beauvais. Il
obtient ce poste en décembre 1849. En 1865, date*

à laquelle s'achèvent les manuscrits, Legrand réside toujours à Beauvais, mais nous n'avons pas été en mesure de vérifier qu'il y occupait toujours le même poste, comme nous le présumons.

En 1868, paraissent à l'Imprimerie Impériale, deux volumes d'une Histoire générale de Paris signés par Legrand.

Le 18 juin 1847, Legrand épouse Carolina Perez de Molina, native d'Algésiras, en l'église San-José à Madrid. De cette union naît le 25 mars 1848 à Madrid une fille, Elena, Enriqueta, Carolina, Maria de la Encarnacion qui est baptisée le 27 avril 1848 en la paroisse San-Martin à Madrid.

Du 16 juillet 1874 au 9 août 1875, Legrand fait l'objet d'un internement psychiatrique pour démence avec paralysie générale à l'asile de Ville-Evrard dans la région parisienne. Il est transféré le 10 août 1875 à l'asile public d'aliénés de Nau-geat à Limoges. Atteint de « paralysie générale avec idées d'orgueil, embarras de la parole et affai-blissement très considérable des facultés intellec-tuelles », Legrand restera interné jusqu'à son décès le 22 avril 1877.

Voilà tout ce que nous savons objectivement, c'est-à-dire en dehors de ce que Legrand a écrit lui-même dans ses manuscrits, sur ce curieux per-sonnage dont l'authenticité ne fait aucun doute. Mais empressons-nous de noter que le fait d'être mort dans un asile, c'est-à-dire « fou », nous sem-ble mériter une mise au point. Comme on le sait, Legrand est mort de paralysie générale ; cette expression désignait une affection d'origine syphi-litique caractérisée anatomiquement par une *méningo-encéphalite diffuse et cliniquement par l'affaiblissement progressif de l'intelligence, par du délire, par des troubles physiques tels que tremblements, anomalies pupillaires, gêne à la locution. L'évolution spontanée aboutit au gâtisme avec une issue fatale en deux à cinq ans. Cette manifestation de la syphilis conduit donc à un état mental et physique stérilisant qui détruit l'individu. Elle avilit, détruit, et emporte Legrand en 1877 ; cet état destructeur n'a donc pas failli à la règle puisqu'il a suivi une évolution fatale typique en trois ans.*

Il serait trop facile de mettre les manuscrits Legrand sur le compte de cette folie-là. En effet, la méningo-encéphalite se manifeste par des lésions cérébrales évidemment destructrices. Le mal dont Legrand était atteint à la fin de sa vie était donc essentiellement un trouble physiologique avant de déclencher des manifestations mentales. Son organisme alors aurait été notamment incapable de se soumettre à la régularité impeccable de l'écriture qu'il s'était inventée. Et d'ailleurs, le dernier manuscrit est de 1865. Il s'est donc écoulé neuf ans entre la fin des manuscrits et les phénomènes obligeant à l'internement.

*Que Legrand ait contracté une syphilis ne saurait nous étonner. Si nous considérons comme des oies blanches Adèle Deslauriers et Juana, nous ne saurions en dire autant de toutes ces belles duchesses, marquises et comtesses qui formaient le Cercle, d'autant que la plupart étaient mariées, et à des hommes eux-mêmes peu fidèles. Cette belle société du XIX*e *siècle était parfois de mœurs bien lestes. Et puis, à côté du Cercle, il y a encore pour*

Legrand sa propre femme « vendue par sa mère au marquis de Belliscas », sans même parler d'Elisa Cordier (le Voile).

Dans la seconde moitié du XIXe siècle, la syphilis est d'ailleurs la maladie la plus fréquente dans nos pays. Elle frappe entre autres Baudelaire, Gauguin, Mallarmé, Nietzsche et Toulouse-Lautrec. Tout le monde ne crie pas sur les toits comme Maupassant : « J'ai la vérole. » Mais nous pourrions écrire à la suite de La Fontaine qui, lui, évoquait la peste : « Ils ne mouraient pas tous ; mais tous étaient frappés. »

Faut-il alors penser que les quarante-cinq volumes de manuscrits sont dus au tréponème et donc l'œuvre d'un « fou » ? Rien ne permet de penser que la syphilis puisse être génératrice d'une semblable création. Mais nous découvrons chez Legrand, à l'en croire, une virilité hors du commun associée à une sensibilité quasi morbide. Il suffit de relire certaines des lettres que nous avons rapportées, de voir ses rapports avec sa mère pour constater cette hypersensibilité névrotique que viennent renforcer son goût du mystère, son inclination au mysticisme, l'entremise de l'au-delà dans ses rapports sexuels. Il est bien évident que son écriture elle-même, forme et contenu, au temps où il l'utilisait, dénote l'œuvre d'un maniaque obsessionnel. A l'invention de l'écriture, viennent s'ajouter le souci de la description poussé jusqu'à l'absurde, le soin méticuleux apporté à conserver la reproduction exacte de toute lettre ou de tout document reçu ou envoyé, y compris les copies de sa carte d'électeur, de son passeport. C'est donc à la limite ce que nous pourrions appeler une confu-

sion permanente des mots et des choses, voire de l'écriture et des personnes. En voilà d'ailleurs un exemple où tout, y compris les fautes d'orthographe, est méticuleusement reproduit [1].

Hermana y Madre [2] à Henry.

Beauvais, le 22 novembre 1846.
Espagne. — Señor D. Enrique Legrand, — casa de Doña Dolores de Molina y Perez, calle del Barquillo, 4. Madrid.
[De la main de la mère.]
Mon cher fils — tu vas recevoir tous tes papiers tu peux donc te marier avec notre consentement et nos bénédictions. Mais il y a une chose qui me tourmente et que tu trouveras toute naturelle, lorsque tu nous a appris ton mariage je t'ai donné les conseils qu'une mère doit donner à son enfant, tu sais combien je désire ton bonheur, je le vois en apparence se réaliser, tu dis ta femme charmante sous tous les rapports (je le crois) mais pour la fortune tu ne dit rien de positif, en faisant la demande, vous avez dû parler de lavenir d'une part comme de l'autre, ainsi donc, tu dois connaître sa position finencière, tu dit ne pas la connaitre à fond, c'est possible, mais tu aurais dû nous donner le chiffre de la dot. — Il est possible que je fasse le voyage avec Arsène pour ta noce celon ta reponse, il faut que je fasse un présent à ta

_____

1. N.A.F. 14498, p. 47 verso-50 recto.
2. Sœur et mère.

235

femme, dit-moi dans ta réponse ce qui lui serait agréable. Tu conçois que pour moi les frais seront concidérable, mais n'importe, j'en ferai le sacrifice si elle te donne une position convenable. — Je t'embrasse en attendant ta réponse. —

Ta mère. — Fait nos compliments à ta nouvelle famille et embrasse pour moi notre chère Carolina.

[De la main d'Arsène à l'autre recto]

Mon cher frère, — nous voilà revenue de St. Just par une pluie battante pour faire attester par le curé que tu as fait ta première communion. — Papa est arrivé hier soir de Paris pour faire légaliser tes papiers que nous t'envoyons. — Nous avons reçu les lettres de ces dames elle nous ont fait grand plaisir. Et moi [je] suis enchantée que Carolina ressente pour moi la même amitié ce qui me fait croire que lorsque nous ferons connaissance, nous serons au mieux ensemble. Il serait bien possible que nous allassions nous deux maman à ton mariage mais il faudrait que sa te fît grand plaisir. — En tout cas nous attendrons ta réponce pour tout disposer, et ai bien soin de nous parler des toilettes que nous devons faire pour emporter juste ce qu'il nous faudra et sera nécessaire. — Je crois en outre que pour demander la permission de suivre maman, tu derais [ainsi] bien écrire à Mr. Magn.[1] et l'informer de ton mariage ; je sais qu'il y répondra avec amitié, sans cela je noserai jamais « lui faire la » [effacé.] le prier de me laisser partir. — Je t'embrasse ainsi que ta femme ; tu lui diras que je l'appelle

---

1. Magnien, le mari d'Arsène Legrand.

ma sœur. Et présentera mes hommages à sa mère.
— Arsène.

[Ladite lettre cachetée d'un petit pain bleu.]

[Papiers mis dans la grande enveloppe avec cette lettre. — 1°. Extrait de baptême.]

Extrait du registre des Baptêmes de la Paroisse de St Just des Marais pour l'année 1814. — L'an mil-huit-cent-quatorze le 26 novembre a été baptisé par moi curé soussigné Henri, Alexandre Alphonse, fils né la veille en legitime mariage de Pierre, Urbain Legrand et de Marie-Justine Carton de la paroisse de St Just des Marais : son parrain a été Lucien Simon Alexandre Diversin et sa marraine Marie-Alexandrine Carton. — Signé au registre — Pilon. — Pour copie conforme à l'acte du registre délivré le 10 9bre 1846, je certifie en outre que ledit Sr Legrand a fait sa 1ère communion. — Demorlaine, curé de St Just. —

Au bas, timb. noir et rond avec une croix et : « Diocèse — de Beauvais. » Légende à l'entour : — « Eglise paroissiale de St Just. St Just des Marais. » — Papier ordinaire au pot. Une page recto. Ecriture bâtarde et encre jaunâtre du Curé Demorlaine. Il a ajouté ensuite la certification de la première communion. — Au bas, même recto, écrit. fine, plume de fer, enc. noire. Grande signature et paraphe :]

Vu pour légalisation de la signature de M. Demorlaine, curé de St Just les Marais apposée ci-dessus, — Beauvais, le 11 novembre 1846. — [Autre écrit.] Th. Obré. Vic. Gén.

[Timb. sec de l'évêché. Ecus. ovale, le pélican, cor. de copte duc (4). Mître et crosse, chapeau. Légende blanche. Autour du bord : « Josephus,

Armandus Gignoux, episcopus Bellovacensis ». —
Au bas du recto : Ecr.] Vu.

[Au verso, encre noire, écrit. courante à Paris.]
Vu pour la légalisation de la signature de Mr.
l'Abbé Obri, vicaire général de Mgr l'évêque
[brouillé] de Beauvais. — Paris, le 18 novembre
1846. — Le Garde des Sceaux, ministre de la
Justice et des Cultes, par autorisation, le conseiller
d'Etat directeur de l'administration des cultes. —
[Signé diffic.] : Dessauret.

[Timb. rond et noir.] « Ministère de la Justice ». — [Orle.] « Administration des Cultes. »

[Autre papier, mais timbré : extrait de nais-
sance. Double feuille. Encre noire. Ecrit par le
Me d'Ecole Mosselin sur une feuille de 1 fr. 25 c.
— En marge au-dessus et au-dessous des timb.]

Arrondissement de Beauvais. — 18442. —
[Autre écrit.] — Commune de St Just des
Marais. — Oise. — Naissance de Henry, Alexan-
dre, Alphonse Legrand. —

[Au-dessus, timb. rond, bleuâtre : — Dans le
plein : recto. L'en tête : 1er]

Du registre des Actes de l'Etat Civil de la commune de St Just des Marais pour l'an mil-huit-
cent-quatorze, a été extrait ce que suit : — L'an
mil huit cent quatorze, le vingt-cinquième jour du
mois de Novembre, à six heures du soir, pardevant nous adjoint et délégué spécial du Maire de
la commune de St Just des Marais, pour remplir
les fonctions d'officier de l'Etat civil de ladite
commune Canton de Beauvais et Municipalité de
St Just des Marais, Département de l'Oise ; Est
comparu Pierre Urbain Legrand, entrepreneur de
bâtiments, domicilié en cette commune, lequel

nous a présenté un enfant du sexe masculin né aujourd'hui, vingt-cinquième jour du mois de novembre, à huit heures du matin, de lui déclarant, et de Marie Justine Carton, son épouse, et auquel il a déclaré vouloir donner les prénoms de Henry, Alexandre, Alphonse, ladite déclaration et présentation faites en présence de Lucien Simon Alexandre Daversin, âgé de Vingt quatre ans, profession de Fabricants de Bas, domicilié en cette commune et de Alphonse Jean Carton, âgé de cinquante-trois ans, profession d'imprimeur sur toile peinte, domicilié en cette commune et ont les père et témoins signé avec nous le présent acte de naissance après qu'il leur en a été fait lecture. Ainsi signé au registre. Pierre Urbain Legrand, Lucien Daversin, Carton et Binet, adjoint. — Le présent extrait certifié conforme au registre par nous soussigné, maire de la commune de St Just des Marais, — à St Just des Marais, le 11 novembre [1846] mil huit cent quarante six. Le Maire. — [Signé et barré ensuite :] Lefevre, membre du conseil. — [Et au-dessous autre encre pâle et autre plume :] — Germer Prévôtel, maire.

[Timb. rond et bleu, mal mis : « Mairie. » [Autour de la couronne :] « Saint Just des Marais. Oise. » — Au bas de la marge et en travers écriture fine et noire :]

N° 57. — Vu par nous juge au tribunal de première instance de Beauvais, Monsieur le Président empêché, pour légalisation de la signature de M. Prévôtel, Maire de la Commune de St Just des Marais, arrondt. de Beauvais, — Beauvais ce 11 9bre 1846. — [Signé] Eug. Paringault. — Contresigné : Ad. Destré :

[Sceau bleuâtre de une balance sur les tables de la loi. Et : « Tribunal de Beauvais. (Oise) » — Au verso de cette première feuille suit :]

[Impr. noir et brouillé :] Vu pour la légalisation de la signature de M. [écrit :] Paringault, juge au [imp. ital.] Tribunal Civil de [écr.] Beauvais, — [imp. ital.] Paris le [écr.] 18 9bre 1846. [Impr. droit.] Par délégation, le chef de Bureau au Ministère de la Justice. [Signé] Laudy.

[Timbr. rond et noir avec les balances et les tables. Mêlé. « Garde des Sceaux de France. » — Au-dessous, noir idem :] Le Ministre des Affaires Etrangères — certifie véritable la signature [écr. gros et mal] ci-dessous — de M. Laudy — [imp. ital.] Paris le [éc.] 19 9bre [imp. ital.] 18 [éc.] 46. [Imp. ital.] — Par autorisation du Ministre, — le chef du Beau de la Chancellerie. [Signé] — De Lamarre. — [Le remplisse paraît écrit de sa main même. — A côté et de travers, illis.] — Graie.

[Sceau noir et rond avec les tables et les drapeaux et couronne royale. Légende : « Ministère des Affaires Etrangères. » Au-dessous et entièrement écrit gros et à main courante la signature étant d'une autre main.]

El infrascripto primer secretario de la Embaxada de S.M.C. encargado del Consulado en Paris, — certifica : que la firma de Monsieur de Lamarre es verdadera ; en fé de la cual doy la presente en Paris a 21 de Noviembre de 1846. — El Marqués de Benalva.

[Sceau bleu et oval aux armes d'Espagne couronnées et au-dessous palmes ; légende : « Consulado de España en Paris. » — Au-dessous, écrit comme le texte ci-dessus et avec un paraphe seulement.]

Derechos : — Seis francos.

[Autre pièce, Le Consentement, sur une feuille de 1 fr. 25 c. bien écrit. Encre noire. — En marge, sur et sous les timbres :]

16 novembre 1846. — [En travers :] — 18441. — Consentement à Mariage. [En tête de la page :] — 1 et 2. — [Texte :]

Pardevant Me. Charles-Félix Duflos, et son collègue, notaires à Beauvais, chef-lieu du département de l'Oise, soussignés ; — Ont comparu : — Mr. Pierre-Urbain Legrand, entrepreneur de bâtiment, et De. Marie-Justine Carton, son épouse [en marge avec 4 paraphes et J.C.] qu'il autorise, — [au texte :] — demeurants à St Quentin, commune de St Just des Marais, canton de Beauvais, — lesquels ont par ces présentes déclaré consentir au mariage que se propose de contracter Mr. Henry, Alexandre, Alphonse Legrand, « architecte », [rayé.] leur fils, majeur, architecte, demeurant à Madrid, capitale du royaume d'Espagne, avec Mlle. Doña Carolina de Molina y Perez, demeurant en la même ville chez sa mère, *calle del Barquillo,* numéro quatre. — Donnant tout pouvoir au porteur de reitérer le présent consentement devant tous officiers de l'état civil, signer tous les registres, (et.) — Dont acte : — Fait et passé à Beauvais en l'étude de Me. Duflos, l'un des notaires soussignés, pour M. Legrand, et pour Me. Legrand, en sa demeure, rue St-Quentin, — l'an mil huit cent quarante six, le seize novembre, — et M. et Me. Legrand ont signé avec lesdits notaires, après lecture. — [Signé :]

241

— Legrand. — J. Carton. — Dumont [grand paraphe.] — Duflos [grand D. et petit.] — Enr. — [En marge :] — Rayé deux mots comme nuls. — [4 paraphes et J.C.] — [Au dos, écrit. fine et belle.] — N° 929. — 2-20. — Enreg. à Beauvais, le 16 novembre 1846. fol. 132, vo. c. 7. Reçu deux francs décime vingt centimes. — [Signé] Memel. — [Au-dessous :] —

N° 17. Vu par nous, juge au tribunal de première instance de Beauvais, Monsieur le Président empêché pour légalisation de la signature de Mrs. Duflos et Dumont, notaires en cette ville, — Beauvais le 16 novembre 1846. — [Signé] Daniel. — Contresigné : — Ad. Destré.

[Sceau noir et rond avec les balances sur les tables, et : « Tribunal de Beauvais, (Oise) » — et au-dessous, moitié impr. brouillé en italiques et écriture noire :]

Vu pour légalisation de la signature de « M. Damiel, juge au Tribunal Civil de Beauvais » — Paris le « 17 9bre 1846. » — [Imp. droit :] — Par délégation, le chef de bureau au ministère de la Justice — [Signé :] Laudy.

[Timb. rond et noir ayant les balances sur les tables. Autour : « Garde des Sceaux de France ». — Et au-dessous, demi-impr. noir ital. et écrit clair :]

Le Ministre des Affaires Etrangères, Certifie véritable la signature ci-dessus de M. Laudy « — Paris le 19 9bre 1846. » Par autorisation du ministre, le chef de Bau. de la Chancellerie. [Signé :] De Lamarre. — [En travers] Grain.

[Timb. des Aff. Etr. comme ci-dessus. — Au

dessous : même caractère écrit gros qu'à l'acte de naissance, et sur le recto de la seconde feuille :]

El infrascripto primer secretario de la emba-xada de S.M.C., encargado del consulado en Paris, — certifico : que la firma de Monsieur de Lamarre es verdadera. En fe de lo cual doy la presente en Paris, a 21 de noviembre de 1846. — [Signé aut. main :] El Marqués de Benalva. — [Au-dessous du sceau bleu du Consulado comme ci-dessus :] — Derechos — Seis francos. — [Paraphé.]

[Le tout placé dans une grande enveloppe de papier fin et blanc, cachetée au-dessous de un pain ocre rouge et un pain rose, puis au-dessus un cachet de cire verte avec le cachet V.M. en chiffre de M. Magnien. Adresse écrite par lui à grands traits :]

Sénor D. Enrique Legrand — casa de Dôna Dolores de Molina y Peres, — calle del Barguillo, 4. — Madrid. — (Espagne.) — [Autre main :] — Par St Jean de Luz.

[Dessus : écr. « 18. » — rouge imp. « P.P. » — Barre n. d'affrt. — A l'encre rouge un long : « 16 r. » — Timb. noir de : « Beauvais, (58) 28 nov. 46. » — Au dos : écrit noir : « 25 » — puis : « 36 » effacé le 6, remis un 5 « 35/742 » — timb. noir de : « Ligne de Valenciennes, 1. — 23 nov. 46. » — Timb. n. de : « Bayonne, (84) 26 nov. 46. » — Timb. rouge et assez bien mis de : « Madrid (1) Cast. la N. (1) 29 nov. 1846. » — Arrivée le 29 même à 1 heure, pendant l'absence d'Henry ; Andrea la criada avait payé les 16 reales et un cuarto, les dames dirent qu'elles ne l'avaient pas vue. — Henry ne s'aperçut qu'en

243

recopiant que l'attestation de première communion s'y trouvait mise aussi.]

*Une preuve supplémentaire du caractère obses-
sionnel de Legrand, s'il en était besoin, nous serait
encore apportée moins par le rébus que le cryptographe adressa en guise de lettre à son ami Turodin que par l'explication qu'il en donne lui-même
dans ses manuscrits* [1].

[Explication des rébus : (mont cher) mon cher
(a mi) ami (Charles tue rôt d'un] Charles Turodin. (Tu crie contre mai) tu cries contre mes (ré
bus) rébus (non illustré) non illustrés. (An voie
scie dos, tr à l'abri) en voici d'autres à l'abri (2
ce la) de cela. (Si tue na pas d'œufs vi nez mai
cygne) si tu n'as pas deviné mes signes, (tu qu'on
prendra) tu comprendras (cep, hyéroglyphes, obé-
lisque haut) ces hyéroglyphes obéliscaux. (Homme
a rat comte, E) On m'a raconté (bien déchaux,
ses sur CE qui s'étaie) bien des choses sur ce qui
s'était (pas C pendant) passé pendant (mont) mon
(AB sent sabot, verre entrant chez mois) absence
à Beauvais. Rentrant chez moi, (mât dame)
madame (coquin, navet rit, baux coupent un, cerf
teint jour, rat la) Coken avait beaucoup ri un certain jour à la (maison tue nœud) maison ; tu ne
(t'œufs) te (fez, ais, pas beau, cou pris, E râle,
or) faisais pas beaucoup prier alors (POUR monte
et rue) pour monter rue (Notre Dame de Lorette)

---

1. N.A.F. 14497, p. 73 recto-73 verso.

Notre Dame de Lorette (L est portier) et les portiers (trouvère) trouvèrent (TO si, CE la, trèfle ré, camp) aussi cela très fréquent. (Mai tue les A muses, haies) Mais tu les amusais (E puits, mât dame, coq N) et puis Madame Coken (ais tue nain prudent, Tell joue ê gros jeu avec l, gaillard, fou) est une imprudente, elle jouait gros jeu avec un gaillard fou. (JE cep) Je sais (toue, toue jours, 7 foi, O si, G cherche E, A) tout toujours ; cette fois aussi, j'ai cherché à (te présente R, occasion, deux rats hachent T) te présenter occasion de racheter (7 trahit son) cette trahison (an, me, rang d'an) en me rendant (1 serre vis) un service (quine, TE cou, taie) qui ne te coûtait (rien puits, G Eve, ou lu) rien. Puis j'ai voulu (te fer confesse E) te faire confesser (thon pêché tue A rougi) ton péché ; tu as rougi, (mai tue NA) mais tu n'as (poing avoué) point avoué. (A près toue, île, faulx) Après tout, il faut (temps rit, RE la, tue TE fourré dans un guêpier) en rire; là tu t'es fourré dans un guêpier (ridicule) ridicule. (Queue) Que (ce la) cela (TE sert VE pour Plutarque Dieu) te serve pour plus tard. Que Dieu (TE défend 2 dunes pareilles, folie) te défend d'une pareille folie. (G toue, A pris, démon, A rit, V) J'ai tout appris dès mon arrivée. (Ile fa, lettré, TRE fou) il fallait être fou. (Aile m'ouvre les yeux sur toit) Elle m'ouvre les yeux sur toi. (G bien pansé, queue tue nœud prend rais, pas mont, appartement) J'ai bien pensé que tu ne prendrais pas mon appartement (haie, me laisse rais en plan), et me laisserais en plan, (100, ce la, jeu, n'or, ais, poing) sans cela je n'aurais point (temps teint 6 T, 7 teint, 6 tance

étai or) tant insisté. Cette insistance était hors
(2 monts) de mon (habit tue DE) habitude.
(La voit la) La voilà (S plie KE) expliquée. (100
rend cul, NE sur CE la,) Sans rancune sur cela.
(1 buisson, nœud, pou, rais porte E) Un buisson
ne pourrait porter (2 figues, 10 G, ZU crie) de
figues, dit Jésus-Christ (dent lève ange île) dans
l'Evangile. (Mai, ré bus sont honnêtes) Mes rébus
sont honnêtes.

ÉPILOGUE

EPILOGUE

*Plutôt que de conclure, ce dont nous serions
bien en peine, car que faudrait-il conclure ? laissons une dernière fois parler Legrand à travers ses
manuscrits. Au risque de paraître nous attacher
trop aux personnages que nous avons fréquentés,
c'est à notre avis, avouons-le, la lettre la plus
émouvante des manuscrits. C'est la dernière lettre
d'Adèle de M. que Legrand a recopiée* [1].

Adèle à Henry.
Luciennes, 25 octobre 1865.
Henry Legrand, 4 rue S. Quentin — Beauvais.
Oise.
Luciennes, 25 oct. 65.
Mon cher Henry, nous sommes venues ici pour
éviter de tenter Dieu en bravant inutilement le
fléau qui désole Paris [2].
/.../

---

1. N.A.F. 14529, p. 114 recto.
2. Le choléra sévissait à Paris.

... je t'aime toujours. J'ai quarante-cinq ans et mon cœur en a dix-huit. Souviens-toi de nos souffrances communes et bénis le ciel qui a peut-être exaucé nos vœux secrets, en faisant que ta femme te laisse libre ainsi, et que nous ne soyons pas trop éloignés les uns des autres. Tu sais que nous avons toujours payé le bonheur dont nous avons joui ensemble. Mon père est maintenant bien cassé et je crois qu'il a regret de nous avoir refusé ce que nous lui demandions. Quel changement ! Après tout, nous serions restés en Espagne et peut-être serions-nous morts à présent. Mille baisers ; je t'aime. Ton Adèle.

TABLE